Kauderwelsch
Band 55

Impressum

Irja Grönholm
Estnisch – Wort für Wort
erschienen im
REISE KNOW-HOW Verlag Peter Rump GmbH
Osnabrücker Str. 79, D-33649 Bielefeld
info@reise-know-how.de

4. überarbeitete Auflage 2005

Bearbeitung & Layout Claudia Schmidt
Layout-Konzept Günter Pawlak, FaktorZwo! Bielefeld
Umschlag Peter Rump (Titelfoto: Peter Höh)
Kartographie Iain Macneish
Fotos Baltische Tourismus-Zentrale, Münster, T. & R. Altheide (S. 75, 76/77, 133, 136)
Druck und Bindung Fuldaer Verlagsanstalt GmbH & Co. KG, Fulda

ISBN 3-89416-245-7
Printed in Germany

Dieses Buch ist erhältlich in jeder Buchhandlung der BRD, Österreichs, der Schweiz und der Benelux. Bitte informieren Sie Ihren Buchhändler über folgende Bezugsadressen:
BRD Prolit GmbH, Postfach 9, 35461 Fernwald (Annerod) sowie alle Barsortimente
Schweiz AVA-buch 2000, Postfach 27, CH-8910 Affoltern
Österreich Mohr Morawa Buchvertrieb GmbH Sulzengasse 2, A-1230 Wien
Belgien & Niederlande Willems Adventure, Postbus 403, NL-3140 AK Maassluis
direkt Wer im Buchhandel kein Glück hat, bekommt unsere Bücher zuzüglich Porto- und Verpackungskosten auch direkt über unseren Internet-Shop: **www.reise-know-how.de**
Zu diesem Buch ist ein **AusspracheTrainer** erhältlich, ebenfalls in jeder Buchhandlung der BRD, Österreichs, der Schweiz und der Benelux-Staaten.
Der Verlag möchte die **Reihe Kauderwelsch** weiter ausbauen und **sucht Autoren**! Mehr Informationen finden Sie auf unserer Internetseite **www.reise-know-how.de/buecher/special/schreiblust-inhalt.html**

Kauderwelsch

Irja Grönholm

Estnisch

Wort für Wort

REISE KNOW-HOW
im Internet
www.reise-know-how.de
info@reise-know-how.de

*Aktuelle Reisetipps
und Neuigkeiten,
Ergänzungen nach
Redaktionsschluss,
Büchershop und
Sonderangebote
rund ums Reisen*

Kauderwelsch-Sprechführer sind anders!

Warum? Weil sie Sie in die Lage versetzen, wirklich zu sprechen und die Leute zu verstehen.

Wie wird das gemacht? Abgesehen von dem, was jedes Sprachbuch bietet, nämlich Vokabeln, Beispielsätze etc., zeichnen sich die Bände der Kauderwelsch-Reihe durch folgende Besonderheiten aus:

Die **Grammatik** wird in einfacher Sprache so weit erklärt, dass es möglich wird, ohne viel Paukerei mit dem Sprechen zu beginnen, wenn auch nicht gerade druckreif.

Alle Beispielsätze werden doppelt ins Deutsche übertragen: zum einen **Wort-für-Wort**, zum anderen in „ordentliches" Hochdeutsch. So wird das fremde Sprachsystem sehr gut durchschaubar. Denn in einer fremden Sprache unterscheiden sich z. B. Satzbau und Ausdrucksweise recht stark vom Deutschen. Ohne diese Übersetzungsart ist es so gut wie unmöglich, schnell einzelne Wörter in einem Satz auszutauschen.

Die **Autorinnen** und **Autoren** der Reihe sind Globetrotter, die die Sprache im Land selbst gelernt haben. Sie wissen daher genau, wie und was die Leute auf der Straße sprechen. Deren Ausdrucksweise ist nämlich häufig viel einfacher und direkter als z. B. die Sprache der Literatur oder des Fernsehens.

Besonders wichtig sind im Reiseland **Körpersprache, Gesten, Zeichen** und **Verhaltensregeln**, ohne die auch Sprachkundige kaum mit Menschen in guten Kontakt kommen. In allen Bänden der Kauderwelsch-Reihe wird darum besonders auf diese Art der nonverbalen Kommunikation eingegangen.

Kauderwelsch-Sprechführer sind keine Lehrbücher, aber viel mehr als Sprachführer! Wenn Sie ein wenig Zeit investieren und einige Vokabeln lernen, werden Sie mit ihrer Hilfe in kürzester Zeit schon Informationen bekommen und Erfahrungen machen, die „taubstummen" Reisenden verborgen bleiben.

Inhalt

Grammatik

Inhalt

Vorwort

Estland ist ein kleines Land (350 x 240 km) mit anderthalb Millionen Einwohnern und liegt an der Ostsee, südlich des finnischen Meerbusens. Der Reiz dieses Landes liegt darin, dass es touristisch nie überfrachtet war, und das hat sich bis heute erhalten. Wollen Sie „Natur pur" erleben, das ganze Spektrum von Meer und Inseln, endlosen Wäldern, Hochmooren, Hügellandschaften, zahllosen Seen ... – dann sind Sie hier richtig. Die schönste Reisezeit ist Juli/August, denn hier entfaltet sich der Sommer im Eiltempo: Alles blüht und reift mit einem Schlage. Sie können natürlich auch einen klassischen, nordischen Winter von Ende Oktober bis Ende April erleben. Die hügeligen Gegenden Südestlands eignen sich für einen herrlichen Winterurlaub.

Wer Estland und die Esten gerne näher kennen lernen möchte, sollte sich auch Grundkenntnisse der estnischen Sprache aneignen. Die wesentlichen Punkte der Grammatik werden hier knapp und übersichtlich erklärt, so dass man sich mit wenig Aufwand gut verständigen kann. Der Konversationsteil bietet die wichtigsten Sätze der Alltagskommunikation.

Viel Spaß beim Lernen und Sprechen in Estland!

Irja Grönholm

Hinweise zum Gebrauch

Natürlich kann man die Grammatik auch überspringen und sofort mit dem Konversationsteil beginnen. Wenn dann Fragen auftauchen, kann man immer noch in der Grammatik nachsehen.

Der Kauderwelsch-Band „Estnisch“ ist in drei wichtige Abschnitte gegliedert:

Die **Grammatik** beschränkt sich auf das Wesentliche und ist so einfach gehalten wie möglich. Deshalb sind auch nicht sämtliche Ausnahmen und Unregelmäßigkeiten der Sprache erklärt. Wer nach der Lektüre gerne noch tiefer in die Grammatik der estnischen Sprache eindringen möchte, findet im Anhang einige Literaturhinweise.

Im **Konversationsteil** finden Sie Sätze aus dem Alltagsgespräch, die Ihnen einen ersten Eindruck davon vermitteln sollen, wie die estnische Sprache „funktioniert“ und die Sie auf das vorbereiten sollen, was Sie später in Estland hören werden.

Jede Sprache hat ein typisches Satzbaumuster. Um die sich vom Deutschen unterscheidende Wortfolge estnischer Sätze zu verstehen, ist die **Wort-für-Wort-Übersetzung** in *kursiver* Schrift gedacht. Jedem estnischen Wort entspricht ein deutsches Wort in der Wort-für-Wort-Übersetzung. Wird *ein* estnisches Wort im Deutschen durch *zwei* Wörter übersetzt, werden diese in der Wort-für-Wort-Übersetzung mit einem Bindestrich verbunden; eine Zahl in der Wort-für-Wort-Übersetzung zeigt die „Nummer“ des Falls an, in dem ein Wort gebeugt ist; bei Verben ist in Klammern manchmal die Person ergänzt:

Koju
nach-Hause
nach Hause

Kus sa elad?
wo du wohnst
Wo wohnst du?

Vabandage, palun!
entschuldigt(!), (ich-)bitte
Entschuldigen Sie, bitte!

Kas te räägite saksa / inglise keelt?
Ob Ihr sprecht deutsche / englische Sprache(3)
Sprechen Sie Deutsch / Englisch?

Die Befehlsform ist durch ein Ausrufezeichen in Klammern gekennzeichnet. Mehrere Wörter, die man in einem Satz untereinander austauschen kann, werden durch einen Schrägstrich voneinander getrennt.

Mit Hilfe der Wort-für-Wort-Übersetzung können Sie bald eigene Sätze bilden. Sie können die Beispielsätze als Fundus von Satzschablonen und -mustern benutzen, die Sie selbst Ihren Bedürfnissen anpassen. Um Ihnen das zu erleichtern, ist ein erheblicher Teil der Beispielsätze nach allgemeinen Kriterien geordnet . Mit einem kleinen bisschen Kreativität und Mut können Sie sich neue Sätze „zusammenbauen", auch wenn das Ergebnis nicht immer grammatikalisch perfekt ausfällt.

Die **Wörterlisten** am Ende des Buches helfen Ihnen dabei. Sie enthalten einen Grundwortschatz von je ca. 1000 Wörtern Deutsch-Estnisch und Estnisch-Deutsch.

Die **Umschlagklappe** hält die wichtigsten Sätze und Formulierungen stets parat. Aufgeklappt ist der Umschlag eine wesentliche Erleichterung, da die gewünschte Satzkonstruktion mit dem Vokabular aus den einzelnen Kapiteln kombiniert werden kann.

Seitenzahlen

Um Ihnen den Umgang mit den Zahlen zu erleichtern,wird auf jeder Seite die Seitenzahl auch auf Estnisch angegeben!

Land & Leute

Historisch Interessierte kommen in Estland auf ihre Kosten, wenn sie den Spuren der wechselvollen Geschichte folgen. Etwa 3000 v. Chr. siedelten sich hier finnisch-ugrische Jäger - und Fischerstämme an. Estland, das im Mittelalter zu Livland gehörte, war Zankapfel zwischen Schweden, Polen, Russland und dem Deutschen Orden, stand über 700 Jahre unter deutscher Vorherrschaft und ist von dieser langen historischen Etappe am stärksten geprägt; von 1721 bis 1918 regierte der russische Zar, und von 1918 bis 1939 war Estland eine eigenständige Republik, die durch den Hitler-Stalin-Pakt 1940 zerschlagen wurde. Nach der langen und unerquicklichen Zugehörigkeit zur Sowjetunion ist Estland seit August 1991 wieder eine eigenständige Republik.

Zeugen der Geschichte sind alte Steingräber und Opfersteine, mittelalterliche Burgen und Kirchen sowie die Herrenhäuser (Gutshäuser) aus dem 18. Jahrhundert. Die Hauptstadt Tallinn ist eine alte Hansestadt, deren mittelalterlicher Stadtkern gut erhalten ist. Außer diesen prägen die typischen Holzhäuser der Jahrhundertwende sowie die großzügigen Bauten aus den 20er- und 30er-Jahren – der wirtschaftlichen Blütezeit – das Bild der Stadt.

Historisch gewachsen ist auch die Mehrsprachigkeit der Bevölkerung, d. h. es wurde

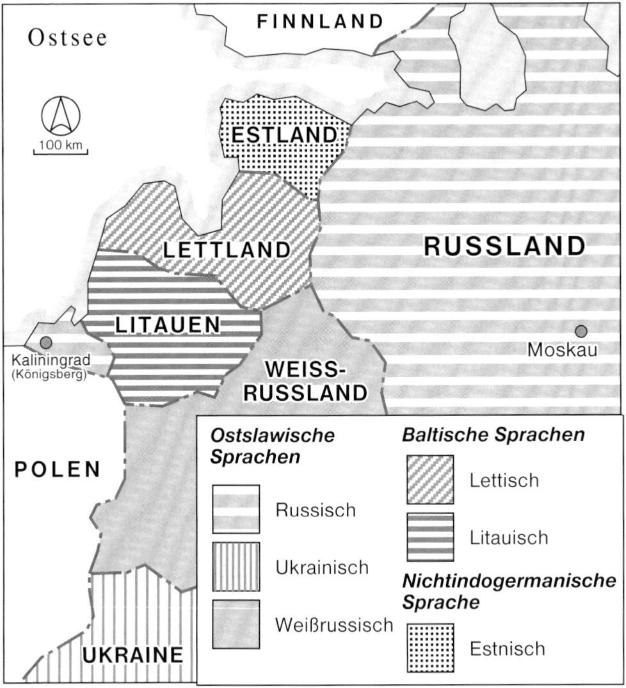

von jeher neben Estnisch auch Deutsch und Russisch gesprochen. In der Zeit der Sowjetmacht verlor sich diese Besonderheit; aber wenn man ältere Leute auf der Straße nach dem Weg fragt, kann man damit rechnen, dass Deutsch verstanden wird. Zweisprachig sind auch viele Ortsnamen, z. B. heißt Tallinn auch Reval, Tartu heißt Dorpat usw.

Zur Sprache

Estnisch gehört zur finno-ugrischen Sprachgruppe, ist also mit Finnisch und Ungarisch verwandt. Zu den baltischen Sprachen (Lettisch und Litauisch) hat das Estnische keine Beziehung.

Die Sprache ist durch eine Vielzahl von Doppelbuchstaben (Selbstlauten wie auch Mitlauten) gekennzeichnet und gehört nicht gerade zu den leicht erlernbaren. Die grammatikalischen Beziehungen drücken sich vor allem in Nachsilben aus: Man hängt die Fallendungen und die Beziehungswörter (Fürwörter) einfach an.

Als „Fallen" erweisen sich oft die Wörter mit einem Stufenwechsel, bei denen sich, wenn sie gebeugt werden, bestimmte Mitlaute im Wortstamm ändern. Sie sollten sich aber nicht entmutigen lassen; denn Estnisch hat immerhin zwei Vorzüge: Es wird mit lateinischen Buchstaben geschrieben und so ausgesprochen, wie es dasteht. Auch die Satzzeichen werden wie im Deutschen verwendet. Ein weiterer Vorteil sind die vielen „internationalen" Fremdwörter, wie z. B.:

Alkohol	**alkohol**	Information	**info**
Film	**film**	Kino	**kino**
Fotograf	**fotograaf**	Reisebüro	**reisibüroo**
Hygiene-artikel	**hügieeni-artikkel**	Theater	**teater**
		Wein	**vein**

Aussprache & Betonung

Das estnische Alphabet besteht aus 27 Buchstaben. In der Regel wird alles so ausgesprochen, wie es geschrieben wird. Lange Selbstlaute stehen doppelt da, besonders harte Mitlaute ebenfalls.

Alphabet

a b d e f g h i j k l m n o p r s š z ž t u v õ ä ö ü

Selbstlaute (Vokale)

a	wie „a" in „L**a**nd" **raha** (Geld)
e	kurzes geschlossenes „e" wie in „L**e**ben" **elu** (Leben)
i	wie „i" in „W**i**nd" **hind** (Preis)
o	wie „o" in „l**o**ben" **odav** (billig)
u	wie „u" in „H**u**nd" **turg** (Markt)
ä	offener als im Deutschen, etwa wie „ä" in „M**ä**rz": **vähe** (wenig)
ö	wie „ö" in „**ö**stlich" **köha** (Husten)
õ	ein Laut, der zwischen ö und e liegt, etwa wie ein stark abgeschwächtes „ö" **kõrge** (hoch)
ü	wie „ü" in „H**ü**rde" **süda** (Herz)

Einzeln stehende Selbstlaute werden immer kurz ausgesprochen.

Lang ausgesprochen werden verdoppelte Selbstlaute.

aa	wie „aa" in „S**aa**t" **maa** (Land)
ee	wie „ee" in „B**ee**t" **keema** (kochen)
ii	wie das lange „ie" in „L**ie**be" **pliiats** (Bleistift)
oo	wie langes „o" in „R**o**se" **kool** (Schule)
uu	wie langes „u" in „M**u**t" **suur** (groß)
õõ	kein eindeutiges dt. Beispiel möglich, etwa wie langes „ö" in „h**ö**ren" **rõõm** (Freude)
ää	wie langes „ä" in „g**ä**ren" **käärid** (Schere)
öö	wie langes „ö" in „l**ö**sen" **lööma** (schlagen)
üü	wie langes „ü" in „M**ü**he" **müür** (Mauer)

Doppelselbstlaute (Diphtonge)

Die Diphtonge werden zwar einzeln für sich gesprochen, aber trotzdem weich zusammengezogen.

ae	nicht wie „ä", sondern „a" und „e" getrennt gesprochen **laev** (Schiff)
au	wie „au" in „l**au**t" **laud** (Tisch)
ei	nicht wie dt. „ei" in „l**ei**se", sondern getrennt „e-i" wie im engl. „**ei**ght" (acht) **leib** (Brot)
eu	„e" und „u" werden nacheinander weich und fließend gesprochen, nicht abgehackt **Euroopa** (Europa)

Getrennt ausgesprochen werden Selbstlaute in zusammengesetzten Wörtern; z. B. **vanaisa** (Großvater) besteht aus **vana** (alt) und **isa** (Vater), also trennt man in der Aussprache auch („vana-isa").

Stehen drei Selbstlaute hintereinander, muss man die Bedeutung des Wortes kennen, um zu wissen, ob eine Trennung vonnöten ist (zusammengesetztes Wort) oder nicht. Z. B. **rietus** (Kleidung) spricht man wie „riije-tus", es ist kein zusammengesetztes Wort. Ebenso **Teie** („Sie" als Anrede) wird wie „teije" gesprochen. Zusammengesetzt hingegen ist z. B. **peaasi** (Hauptsache), sprich: „pea-asi".

Mitlaute (Konsonanten)

Die meisten Mitlaute werden wie im Deutschen ausgesprochen. Grundsätzlich gilt: Es gibt im Estnischen zwischen g und k, b und p, d und t keinen qualitativen Unterschied; die Schriftzeichen g, b und d zeigen nur ein kurzes k, p bzw. t an, d. h. sie sind stimmlos wie k, p und t, aber nicht so lang und etwas „leichter". Auch ist das s immer stimmlos, tendiert allerdings in einigen Wörtern, z. B. isa (Vater), zum Stimmhaften.

f	**f** kommt nur in Fremdwörtern vor, wird wie „f" in „**F**oto" gesprochen. **foto** (Foto)
g	wie ein schwaches „k" **nuga** (Messer)

h	im Estnischen wird das **h** hörbar ausgesprochen und dient nicht der Verlängerung eines Selbstlautes. Es wird entweder weich ausgesprochen wie in „**H**aus“ oder hart, ähnlich wie dt. „ch“ in „ko**ch**en“ **ehitis** (Bauwerk), **koht** (Stelle)
j	wie „j“ in „**J**unge“ **jumal** (Gott)
r	immer Zungenspitzen-r wie im Italienischen **raha** (Geld)
s	**s** ist immer stimmlos wie in „Ma**s**t“ **sageli** (oft)
š	wie stimmloses „sch“ in „**Sch**okolade“ **šokolaad** (Schokolade)
ž	stimmhaftes „sch“ wie zweites „g“ in „Gara**g**e“ oder „j“ in „**J**ournal“ **garaaž** (Garage), **žilett** (Rasierklinge)
z	wie „s“ in „**S**eife“, **Zooloogia** (Zoologie)
v	immer wie „w“ gesprochen, wie z. B. in „**W**asser“ oder in „**V**ase“; **vesi** (Wasser)

Ein „qu“ gibt es im Estnischen nicht. Wörter, die im Deutschen mit „qu“ geschrieben werden, wie z. B. „Qualität“, werden im Estnischen mit kv geschrieben und auch so ausgesprochen, z. B. kvaliteet (Qualität).

Ein „sch“ gibt es im Estnischen nicht. In Fremdwörtern wird „sch“ mit š geschrieben und wie das stimmlose „sch“ wie in „Schule“, z. B.: šakaal (Schakal), šabloon (Schablone), šamott (Schamotte). Fremdwörter mit stimmhaftem „sch“, wie z. B. „j“ in „Journalist) werden mit ž, seit kurzem auch mit zh geschrieben: žurnalist oder zhurnalist (Journalist).

Betonung

Die Betonung liegt in der Regel auf der ersten Silbe. Bei Fremdwörtern gelten die Regeln der estnischen Sprache nur bedingt. Meist wird das Fremdwort so ausgesprochen, wie man es im Original aussprechen würde.

Groß- & Kleinschreibung

Die höfliche Anrede (Teie = Sie), Eigen- und Ortsnamen sowie der Satzanfang werden groß geschrieben. Alles andere wird kleingeschrieben.

Wörter, die weiterhelfen

Für die folgenden Sätze und Floskeln brauchen Sie noch keine Grammatikkenntnisse.

Vabandage palun!
entschuldigt(!) (ich-)bitte
Entschuldigen Sie, bitte!

Die Wörter, die in diesen Satz eingesetzt werden, müssen im 3. Fall gebeugt werden. Wenn einem das für den Anfang zu kompliziert ist, kann man die Wörter aus der Wörterliste im Anhang auch unverändert einsetzen, man wird trotzdem verstanden. Die Beugung kann man mit der nächsten Formulierung umgehen:

Kas Teil on... ? (Haben Sie ...? (+ 3.))

Kas Teil on vaba tuba?
ob bei-Euch(8) ist frei Zimmer(3)
Haben Sie ein freies Zimmer?

õlut	Bier	**teed**	Tee
kohvi	Kaffee	**tuba**	Zimmer
sõiduplaani	Fahrplan	**linnaplaani**	Stadtplan
midagi süüa	etwas zu essen	**midagi juua**	etwas zu trinken

Kas siin on ... ? (Gibt es hier ...?)

Kas siin on arsti? *ob hier ist Arzt*	Gibt es hier einen Arzt?
Kas siin on turgu? *ob hier ist Markt*	Gibt es hier einen Markt?
Kas siin on hotelli? *ob hier ist Hotel*	Gibt es (hier) ein Hotel?

Jah, on.
ja, (es-)ist
Ja, gibt es.

Ei ole.
nicht sein(St.)
Nein, gibt es nicht.

Kas siin sõidab mõni ...? (Fährt hier ...?)

Kas siin sõidab mõni buss?
ob hier fährt mancher Bus
Fährt hier ein Bus?

tramm	Straßenbahn
troll	O-Bus

Kus asub ...? (Wo gibt es / ist ...?)

Kus asub hotell?	Wo gibt es ein Hotel?
Kus asub taksopeatus?	Wo gibt es ein Taxi?
Kus asub postkontor?	Wo ist die Post?

Auch in diesen Satz kann man alle (sinnvollen) Wörter aus den Wörterlisten einsetzen, z. B.:

apteek	Apotheke	**motell**	Motel
raudteejaam	Bahnhof	**politsei**	Polizei
pank	Bank (finanz.)	**restoran**	Restaurant
kämping	Campingplatz	**telefon**	Telefon
konsulaat	Konsulat	**tualett**	Toilette
haigla	Krankenhaus	**töökoda**	Werkstatt

Damit Sie nicht ausschließlich auf Gesten angewiesen sind, hier noch ein paar Orientierungshilfen:

siin	hier	**siia**	hierher
seal	dort	**sinna**	dorthin
paremal	rechts	**paremale**	nach rechts
vasakul	links	**vasakule**	nach links
otse(teed)	geradeaus	**tagasi**	zurück
valgusfoor	Ampel	**ristmik**	Kreuzung
edasi	weiter		

Ma tahaksin ... (Ich möchte ... (+ 3.))

Die Formulierung mit Ma tahaksin ... (ich bitte) ist sehr gebräuchlich. Leider muss man auch hier die Satzergänzung im 3. Fall (Partitiv) beugen (vgl. Kap. „Die 14 Fälle“).

Ma tahaksin leiba.	Ich möchte ein Brot.
Ma tahaksin sõidupiletit.	Ich möchte eine Fahrkarte.
Ma tahaksin kirjamarki.	Ich möchte eine Briefmarke.

Kui palju maksab ...? (Wie viel kostet ...?)

Kui palju maksab tuba?	Wie viel kostet ein Zimmer?
Kui palju maksab õlu?	Wie viel kostet ein Bier?
Kui palju see maksab?	Wie viel kostet das?
wie viel dieses kostet	

Tänan!	Danke schön! (als Antwort)
Palun!	Bitte schön! (als Antwort)
Palun ...!	Bitte ...! (als Aufforderung)
Vabandust ...!	Entschuldigung ...!
Tänan, ei.	Nein danke.
Tänan, aga ...	Danke, aber ...
Tere!	Guten Tag!
Nägemist!	Auf Wiedersehen!
Hüvasti!	Tschüss!

Hauptwörter

Es gibt im Estnischen weder einen bestimmten noch unbestimmten Artikel (der/die/das, ein/eine), noch ein grammatisches Geschlecht (männlich, weiblich oder sächlich).

Artikel & Geschlecht

poiss	Junge, ein Junge, der Junge
tüdruk	Mädchen, ein Mädchen, das Mädchen
õpetaja	(der) Lehrer, (die) Lehrerin

Vor allem Berufsbezeichnungen können stets auf zwei Arten übersetzt werden.

Um deutlich darauf hinzuweisen, dass es sich um eine Frau handelt, kann das im 2. Fall (Genitiv) gebeugte Wort um die Nachsilbe -tar oder -nna erweitert werden:

sõber	Freund, Freundin
sõbratar / **sõbranna**	Freundin

Eine andere Möglichkeit ist, dem Hauptwort mees- (männl.) bzw. nais- (weibl.) voranzustellen. Das funktioniert allerdings nur bei Hauptwörtern, die Personen bezeichnen.

meesõpetaja	(der) Lehrer
naisluuletaja	(die) Dichterin

Hauptwörter bilden

Aus Verben können Hauptwörter gebildet werden, indem man an den Stamm des Verbs die Endung -mine *hängt.*

lugema	lesen	**lugemine**	das Lesen
töötama	arbeiten	**töötamine**	das Arbeiten

Mehrzahl

Keine Bange! Da die Beugung im Estnischen ein unvermeidbares Thema ist, wird in den Wörterlisten der Genitiv immer angegeben.

Das Kennzeichen für die Mehrzahl (abgekürzt: Mz) lautet in der Regel -d, -de oder -te. Allerdings wird es an das im Genitiv (Wesfall, 2. Fall) gebeugte Hauptwort angehängt.

1. Fall Einzahl	2. Fall Einzahl	1. Fall Mehrzahl
raamat (Buch)	**raamatu** (des Buches)	**raamatud** (Bücher)
tuli (Feuer)	**tule** (des Feuers)	**tuled** (Feuer, Mz)
mets (Wald)	**metsa** (des Waldes)	**metsad** (Wälder)

Einige Hauptwörter kommen, wie z. B. das deutsche Wort „Ferien", nur in der Mehrzahl vor. Tätigkeits- und Eigenschaftswörter, die sich auf diese Hauptwörter beziehen, stehen dann natürlich auch in der Mehrzahl.

käärid	Schere
prillid	Brille
püksid	Hose

Dieses & Jenes

Die hinweisenden Fürwörter werden in der Ein- und Mehrzahl gebeugt und richten sich dabei nach dem Hauptwort, auf das sie sich beziehen. In der nächsten Tabelle ist der 2. Fall Ez in Klammern ergänzt.

see (selle)	diese(r, -s)	**need (nende)**	diese (Mz)
too (tolle)	jene(r, -s)	**nood (nonde)**	jene (Mz)

Die hinweisenden Fürwörter stehen immer vor dem Hauptwort, auf das sie sich beziehen.

see mees dieser Mann	**need mehed** diese Männer
see naine diese Frau	**need naised** diese Frauen

Eigenschaftswörter

Eigenschaftswörter haben in der Einzahl (abgekürzt: Ez) keine besondere Endung. In der Mehrzahl und bei der Beugung richten sie sich jedoch nach dem dazugehörigen Hauptwort. Sie werden genauso wie Hauptwörter gebeugt und sind diesen vorangestellt.

väike linn kleine Stadt	**väiksed linnad** kleine Städte

wichtige Eigenschaftswörter

Leider kann man auch bei den Eigenschaftswörtern nicht auf die Beugung verzichten. Da der Genitiv-Stamm Einzahl für die Beugung und für die Steigerung (vgl. Kap. „Steigern und Vergleichen“) wichtig ist, ist er in der folgenden Liste in Klammern ergänzt. „(=)“ bedeutet, dass der 2. Fall Einzahl mit dem normalen Eigenschaftswort identisch ist; ist nur eine Endung angegeben, wird diese angehängt, um den 2. Fall Einzahl zu bilden.

hea (=)	gut	**paha (=)**	schlecht
suur (-e)	groß	**väike (väikse)**	klein
kõrge (=)	hoch	**madal (-a)**	niedrig
soe (sooja)	warm	**külm (-a)**	kalt
kallis (kalli)	teuer	**odav (-a)**	billig
valge (=)	hell	**pime (-da)**	dunkel
magus (-a)	süß	**hapu (=)**	sauer
vana (=)	alt	**noor (-e); uus (uue)**	jung; neu
ilus (-a)	schön	**inetu (=)**	hässlich
pikk (pika)	lang	**lühike (-se)**	kurz
täis (täie)	voll	**tühi (tühja)**	leer
tark (targa)	klug	**loll (lolli)**	dumm
võõras (võõra)	fremd	**kena (=)**	nett

Farben

valge (=)	weiß	**hall (-i)**	grau
kollane (kollase)	gelb	**must (-a)**	schwarz
punane (punase)	rot	**kuldne (kuldse)**	golden
sinine (sinise)	blau	**hõbedane (hõbedase)**	silbern
roheline (rohelise)	grün	**kirju (=)**	bunt
pruun (-i)	braun		

Steigern & Vergleichen

Die 1. Steigerungsstufe (Komparativ) wird gebildet, indem die Endung -m an den 2. Fall Einzahl des Eigenschaftswortes angehängt wird.

steigern

Grundstufe (= 1. Fall Ez.)	2. Fall Einzahl (= Stamm)	Komparativ
ilus (hübsch)	**ilusa**	**ilusam** (hübscher)
suur (groß)	**suure**	**suurem** (größer)

Einige Eigenschaftswörter, die im 2. Fall (Genitiv) zweisilbig sind und auf **-a** oder **-u** enden, ersetzen den zweiten Selbstlaut durch **-e:**

Grundstufe (= 1. Fall Ez.)	2. Fall Einzahl (= Stamm)	Komparativ
vana (alt)	**vana**	**vanem** (älter)
paks (dick)	**paksu**	**paksem** (dicker)

Daneben gibt es auch unregelmäßige Steigerungsformen:

hea	gut	**parem**	besser
palju	viel	**enam**	mehr

Beugt man die erste Steigerungsstufe, geht man vom 2. Fall Einzahl des Eigenschaftswortes aus und hängt -ma an. An diese Form werden dann die Endungen aller anderen Fälle angehängt.

Grundstufe	2. Fall Ez. + **-ma...**	Komparativ:
noor (jung)	**noorema...**	**noorem** (jünger)

weitere Fälle:

nooremad (1. Fall Mz), **nooremat** (3. Fall Ez), **nooremaid** (3. Fall Mz), **nooremasse** (4. Fall Ez), **noorematesse** (4. Fall Mz) ...

Die 2. Steigerungsstufe (Superlativ) wird gebildet, indem man das unveränderliche kõige *(etwa: „am meisten") vor den Komparativ stellt.*

Grundstufe	Komparativ	Superlativ
ilus (schön)	**ilusam** (schöner)	**kõige ilusam** (am schönsten)
uus (neu)	**uuem** (neuer)	**kõige uuem** (am neusten)
suur (groß)	**suurem** (größer)	**kõige suurem** (am größten)

vergleichen

Den Vergleich drückt man mit nii ... kui oder mit sama ... kui (so ... wie) aus. „Als" beim Vergleich wird ausgedrückt mit kui (als, wie). Die Wortstellung ist wie im Deutschen:

Isa on sama vana kui ema.
Vater ist ebenso alt wie Mutter
Vater ist so alt wie Mutter.

Ema on vanem kui isa.
Mutter ist älter als Vater
Mutter ist älter als Vater.

Persönliche Fürwörter

In Klammern stehen die umgangssprachlichen Formen. Das persönliche Fürwort „es" wird auch mit dem hinweisenden Fürwort see (dieser, diese, dieses) umschrieben.

mina (ma)	ich	**meie (me)**	wir
sina (sa)	du	**teie (te); Teie (Te)**	ihr; Sie
tema (ta)	er, sie, es	**nemad (nad)**	sie

Im Gegensatz zum Deutschen braucht man die persönlichen Fürwörter nicht grundsätzlich zusammen mit dem gebeugten Verb (Tätigkeitswort) zu nennen. Es reicht meistens das gebeugte Verb. Die Höflichkeitsform ist mit der 2. Person Mehrzahl („ihr“) identisch.

Besitzanzeigende Fürwörter

Die besitzanzeigenden Fürwörter entsprechen den im 2. Fall Einzahl (Genitiv) gebeugten persönlichen Fürwörtern. In Klammern stehen die umgangssprachlichen Formen:

minu (mu)	mein	**meie (me)**	unser
sinu (su)	dein	**teie (te); Teie (Te)**	euer (Ihr)
tema (ta)	sein, ihr	**nende**	ihr

Das besitzanzeigende Fürwort steht immer vor dem Hauptwort, auf das es sich bezieht. Zusammen mit diesem ist es unveränderlich, auch wenn das Hauptwort gebeugt ist oder in der Mehrzahl steht:

minu raamat
mein Buch

minu raamatud
meine Bücher

meie raamat
unser Buch

meie raamatud
unsere Bücher

Tätigkeitswörter

Die Grundform besteht aus dem Stamm und der Endung -ma.

Grundform (ma- & da-Infinitiv)

In bestimmten Fällen kann die Grundform auch die Endung -da erhalten (s. Kap. „Modalverben / ma-/da-Infinitiv"). Die Bedeutung des Wortes ändert sich jedoch nicht.

küsima / küsida	fragen
naerma / naerda	lachen
elama / elada	leben
saama / saada	bekommen

Gegenwart

An den Stamm des ma-Infinitivs werden für die Angabe der Person die Endungen aus folgender Tabelle angehängt. Für die höfliche Anrede wählt man dieselbe Endung wie für die 2. Pers. Mz („ihr").

Einzahl		Mehrzahl	
ich	**-n**	wir	**-me**
du	**-d**	ihr; Sie	**-te**
er, sie, es	**-b**	sie	**-vad**

Hier das Beugungsmuster Gegenwart am Beispiel söõma *(essen):*

söõma	essen		
ma söön	ich esse	**me sööme**	wir essen
sa sööd	du isst	**te sööte**	ihr esst
ta sööb	er/sie/es isst	**nad söövad**	sie essen

Vergangenheit

Das Kennzeichen für die einfache Vergangenheit, die hier vorgestellt werden soll, ist (bis auf wenige Ausnahmen) -si-, das an den Stamm des Infinitivs gehängt wird. Daran angehängt werden die Endungen für die Personen, die im wesentlichen mit denen für die Gegenwart identisch sind.

Für die 3. Pers. Ez („er, sie, es") wird jedoch nur -s an den Stamm des Infinitvs gehängt. Endet der Stamm auf einen Mitlaut, lautet die Endung -is. Die 2. Pers. Ez („du") und 3. Pers. Mz („sie") sind identisch.

Es gibt drei verschiedene Formen für die Vergangenheit: vollendete Gegenwart (z. B. „ich bin gegangen"), einfache Vergangenheit (z. B. „ich ging") und die vollendete Vergangenheit (z. B. „ich war gegangen").

Einzahl		Mehrzahl	
ich	**-sin**	wir	**-sime**
du	**-sid**	ihr; Sie	**-site**
er, sie, es	**-s** / **-is**	sie	**-sid**

kirjutama	schreiben
ma kirjutasin	ich schrieb
sa kirjutasid	du schriebst
ta kirjutas	er/sie/es schrieb
me kirjutasime	wir schrieben
te kirjutasite	ihr schriebt
nad kirjutasid	sie schrieben

Hier das Beugungsmuster am Beispiel kirjutama *(schreiben). Die persönlichen Fürwörter können weggelassen werden, wenn die gebeugte Verbform eindeutig ist.*

Die vollendete Gegenwart und Vergangenheit wird mit dem Hilfsverb olema (sein) und dem Partizip II. (Mittelwort der Vergangenheit) gebildet (vgl. Kap. „Vollendete Gegenwart/Vergangenheit").

Zukunft

Eine Zukunftsform gibt es im Estnischen nicht. Wenn man ausdrücken möchte, dass etwas in der Zukunft geschieht, dann umschreibt man das mit einer Zeitbestimmung.

Ma sõidan homme koju.
ich fahre morgen nach-Hause
Ich fahre morgen nach Hause.

Ma tulen homme.
ich komme morgen
Ich komme morgen.

Modalverben

Konstruktionen mit Modalverben funktionieren genauso wie im Deutschen. Nur die Modalverben werden gebeugt.

	ma-Infinitiv	da-Infinitiv
wollen, mögen	**tahtma**	**tahta**
sollen, müssen	**pidama**	**pidada**
dürfen	**tohtima**	**tohtida**
können	**oskama, suutma**	**osata, suuta**

ma-Infinitiv & da-Infinitiv

Darüber hinaus muss man im Estnischen beachten, dass es nach Modalverben zwei verschiedene Infinitive (Grundformen) gibt, und zwar den so genannten „ma"-Infinitiv oder „da"-Infinitiv, was eigentlich nur so viel besagt, dass der Infinitiv nicht nur auf -ma, sondern auch auf -da (bzw. -ta) enden kann.

	ma-Infinitiv	da-Infinitiv
benutzen	**kasutama**	**kasutada**
lesen	**lugema**	**lugeda**
fahren	**sõitma**	**sõita**
kaufen	**ostma**	**osta**

Der „ma-Infinitiv“ (also die Grundform mit der Endung -ma) steht mit Verben, die einen Beginn, eine Bewegung oder eine Verpflichtung ausdrücken. Auch steht er nach Eigenschafts- und Umstandswörtern, die ein Vermögen oder eine Bereitschaft ausdrücken.

Die Bedeutung des Verbs ändert sich bei Verwendung der Endung ma- *oder* da- *nicht!*

Ma pean õppima. **Ma hakkan kirjutama.**
Ich muss lernen. Ich fange zu schreiben an.

Ma tulen sööma.
Ich komme essen.

Der „da-Infinitiv“ (also die Grundform mit der Endung -da) steht in der Regel nach Verben und Eigenschaftswörtern, die ein Wollen, Können, Fühlen, Denken oder Streben ausdrücken, also nach „wollen, dürfen, können“:

Leider gibt es auch unregelmäßige da-*Infinitive, sie sind in den Wörterlisten im Anhang jedoch immer angegeben.*

Ma tahan lugeda.
Ich will/möchte lesen.

Ma tahan seepi osta.
ich (ich-)will Seife(3) kaufen
Ich will/möchte Seife kaufen.

Ma oskan jalgrattaga sõita.
ich (ich-)kann Fahrrad(14) fahren
Ich kann Fahrrad fahren.

Linnas on raske elada.
Stadt(5) (es-)ist schwer leben
In der Stadt ist es schwer zu leben.

Liste wichtiger Verben

	Grundform: ma- (da-) Infinitiv	Gegenwart: „ich ..."	Verg.heit: „ich ..."
ankommen	**saabu/ma (-da)**	**saabun**	**saabusin**
anrufen	**helista/ma (-da)**	**helistan**	**helistasin**
beginnen	**hakkama (hakata)**	**hakkan**	**hakkasin**
bekommen	**saa/ma (-da)**	**saan**	**sain**
bezahlen	**maks/ma (-ta)**	**maksan**	**maksin**
bitten	**palu/ma (-da)**	**palun**	**palusin**
danken	**täna/ma (-da)**	**tänan**	**tänasin**
erklären	**seleta/ma (-da)**	**seletan**	**seletasin**
fahren	**sõitma (sõita)**	**sõidan**	**sõitsin**
fragen	**küsi/ma (-da)**	**küsin**	**küsisin**
geben	**andma (anda)**	**annan**	**andsin**
gehen	**minema (minna)***	**lähen**	**läksin**
holen	**tooma (tuua)**	**toon**	**tõin**
hören	**kuula/ma (-ta)**	**kuulan**	**kuulasin**
kaufen	**ostma (osta)**	**ostan**	**ostsin**
kennen	**tundma (tunda)**	**tunnen**	**tundsin**
kommen	**tulema (tulla)**	**tulen**	**tulin**
machen, tun	**tegema (teha)**	**teen**	**tegin**
nehmen	**võtma (võtta)**	**võtan**	**võtsin**
sagen	**ütlema (ütelda)**	**ütlen**	**ütlesin**
sehen	**nägema (näha)**	**näen**	**nägin**
sein	**olema (olla)**	**olen**	**olin**
setzen, stellen	**panema (panna)**	**panen**	**panin**
suchen	**otsi/ma (-da)**	**otsin**	**otsisin**
trinken	**jooma (juua)**	**joon**	**jõin**
verstehen	**aru saa/ma (-da)**	**saan aru**	**sain aru**
warten	**ootama (oodata)**	**ootan**	**ootasin**
wissen	**teadma (teada)**	**tean**	**teadsin**
zeigen	**näitama (näidata)**	**näitan**	**näitasin**

* *Achtung:* minema/minna *(gehen) gibt es nur in der Grundform, die gebeugten Formen lauten wie in der Tabelle angegeben!*

Das Partizip II

Zur Bildung des Partizips II. (Mittelwort der Vergangenheit), z. B. „gemacht, gesagt“) wird an den Stamm des Infinitivs die Endung -tud bzw. -dud angehängt. Verben, die dem Stufenwechsel unterliegen, stehen immer in der schwachen Form (vgl. Kap. „Stufenwechsel“).

-tud wird in der Regel an den Stamm des da-Infinitivs angehängt; die Endung -dud steht nur nach langem Selbstlaut (z. B. saama) oder Diphtong (z. B. võima) oder wenn der Infinitiv-Stamm auf -l, -n oder -r endet. Wenn der Stamm des ma-Infinitivs auf einen langen Selbstlaut endet, wird -dud angefügt.

ma-Infinitiv	da-Infinitiv	Partizip II.	
maksma	**maksta**	**makstud**	bezahlt
teadma	**teada**	**teatud**	gewusst
tegema	**teha**	**tehtud**	gemacht
kirjutama	**kirjutada**	**kirjutatud**	geschrieben
saama	**saada**	**saadud**	bekommen
kõnelema	**kõnelda**	**kõneldud**	gesprochen
panema	**panna**	**pandud**	gestellt
jooma	**juua**	**joodud**	getrunken
võima	**võida**	**võidud**	gekonnt
müüma	**müüa**	**müüdud**	verkauft
saatma	**saata**	**saadetud**	geschickt

Manchmal wird jedoch auch die Endung -nud verlangt, u. a. bei der Verneinung in der Vergangenheit oder bei den zusammengesetzten Zeitformen (s. dort).

Verneinung

In der Gegenwart wird ei (nicht) dem Verbstamm zur Verneinung vorangestellt. Die richtige Form des Verbstamms erhält man, indem man vom gebeugten Verb in der 1. Person Ez („ich ...") die Endung -n wegstreicht.

Die Abkürzung „St." (für „Stamm") zeigt an, dass es sich nicht um den vollständigen Infinitiv handelt.

Verneinung in der Gegenwart

ma otsin ich suche	**ma ei otsi** *ich nicht suchen(St.)*	ich suche nicht
sa otsid du suchst	**sa ei otsi** *du nicht suchen(St.)*	du suchst nicht

Verneinung in der einfachen Vergangenheit

In der Vergangenheit stellt man ei (nicht) dem auf -nud endenden Partizip II. voran.

ma andsin ich gab	**ma ei andnud** *ich nicht gegeben*	ich gab nicht
sa andsid du gabst	**sa ei andnud** *du nicht gegeben*	du gabst nicht

besondere Verneinungen

ei keegi	niemand
ei kunagi	nie(mals)
üldse mitte	überhaupt nicht
ei midagi	nichts
veel mitte kunagi	noch nie
ei kuskil	nirgends

Zur besonderen Betonung kann zusätzlich mitte (nicht) vor den zu verneinenden Gegenstand treten, dabei führt die doppelte Verneinung aber nicht zur Bejahung.

Zur Verneinung der vollendeten Zeiten s. das Kap. „Vollendete Gegenwart/Vergangenheit“.

Ma ei näinud kedagi.
ich nicht gesehen jemand(3)
Ich habe niemanden gesehen.

Ma ei ole veel midagi söönud.
ich nicht sein(St) noch etwas gegessen
Ich habe noch nichts gegessen.

Ma ei ole seal kunagi olnud.
ich nicht sein(St) dort irgendwann gewesen
Ich war noch nie dort.

Ma ei näinud teda kuskil.
ich nicht gesehen ihn(3) irgendwo
Ich habe ihn nirgends gesehen.

Verneinung mit „mitte“

Hinweisende und persönliche Fürwörter, Hauptwörter, Verben und Eigenschaftswörter können mit mitte (nicht) verneint werden:

mitte siin	nicht hier
mitte mina, vaid sina	nicht ich, sondern du
mitte süüa, vaid juua	nicht essen (will ich), sondern trinken
mitte see auto, vaid too	nicht dieses Auto, sondern jenes
mitte kollane, vaid sinine	nicht gelb, sondern blau

Haupt- und Eigenschaftswörter kann man wie im Deutschen durch Vor- oder Nachsilben ins Negative verkehren.

Die Vorsilbe eba- ist mit der deutschen Vorsilbe „Un-/un-“ vergleichbar:

õnn	Glück	**ebaõnn**	Unglück
selgus	Klarheit	**ebaselgus**	Unklarheit
kindel	sicher	**ebakindel**	unsicher
täpne	genau	**ebatäpne**	ungenau

Die Nachsilbe -tu und ist mit der deutschen Nachsilbe „-los“ vergleichbar:

kaitse	Schutz	**kaitsetu**	schutzlos
rahu	Ruhe	**rahutu**	ruhelos
tunne	Gefühl	**tundetu**	gefühllos

Sein & Haben

Das Verb olema (sein) ist auch im Estnischen ein Hilfsverb.

sein

Da das Verb olema (sein) einige Unregelmäßigkeiten hat, hier die vollständige Beugung in der Gegenwart und in der Vergangenheit:

Gegenwart		Vergangenheit	
mina olen	ich bin	**mina olin**	ich war
sina oled	du bist	**sina olid**	du warst
tema on	er/sie/es ist	**tema oli**	er/sie/es war
meie oleme	wir sind	**meie olime**	wir waren
teie olete	ihr seid	**teie olite**	ihr wart
nemad on	sie sind	**nemad olid**	sie waren

Verneint man olema in der Gegenwart, verwendet man wie im Kap. „Verneinung" beschrieben, für alle Personen unverändert den Verbstamm: ole. In der einfachen Vergangenheit verwendet man das Partizip II.: olnud. Verneinungswort ist ei (nicht). Das verneinte olema (sein) wird in der Umgangssprache oft wie folgt verkürzt:

ma ei ole *ich nicht sein(St.)*	ich bin nicht	→	**ma pole**
sa ei ole *du nicht sein(St.)*	du bist nicht	→	**sa pole** (usw.)
ma ei olnud *ich nicht gewesen*	ich war nicht	→	**ma polnud**
sa ei olnud *du nicht gewesen*	du warst nicht	→	**sa polnud** (usw.)

haben (besitzen)

Für das deutsche Hilfsverb „haben" gibt es im Estnischen kein eigenes Wort. Um „haben" - allerdings mit der Bedeutung „besitzen" - auszudrücken, wählt man folgende Konstruktion: olema (sein) wird unverändert in der 3. Person Einzahl verwendet (on „ist"), der „Besitzer" selbst (Name oder persönliches Fürwort) wird im 8. Fall (Adessiv) gebeugt (vgl. Kap. „Wessen? Wem? Wen? ..." u. „Die 14 Fälle").

Mul on võti / võtmed.
bei-mir(8) ist Schlüssel/Schlüssel(Mz)
Ich habe den / die Schlüssel.

Maimul on sõidupilet / sõidupiletid.
bei-Maimu(8) ist Fahrkarte / Fahrkarten
Maimu hat die Fahrkarte(n).

Matil ei ole raha.
bei-Mati(8) nicht sein(St.) Geld
Mati hat (besitzt) kein Geld.

Maril ei ole aega.
bei-Mari(8) nicht sein(St.) Zeit
Mari hat keine Zeit.

mul on	ich habe	**meil on**	wir haben
sul on	du hast	**teil on**	ihr habt
tal on	er/sie/es hat	**nendel on**	sie haben

Für die Vergangenheit wählt man dementsprechend oli *(war). Bei der Verneinung wählt man das* nud-*Partizip!*

Sul oli võti.
bei-dir(8) war Schlüssel
Du hattest den Schlüssel.

Mul ei olnud aega.
bei-mir(8) nicht gewesen Zeit
Ich hatte keine Zeit.

Vollendete Gegenwart & Vergangenheit

Die vollendete Gegenwart (Perfekt, z. B. „ich bin gegangen, ich habe gekauft") wird wie im Deutschen mit dem Hilfsverb olema (sein) und dem Partizip II. (Mittelwort der Vergangenheit) auf -nud gebildet.

vollendete Gegenwart

ma olen läinud *ich bin gegangen*	ich bin gegangen
sa oled läinud *du bist gegangen*	du bist gegangen
ta on läinud *er/sie ist gegangen*	er/sie ist gegangen (usw.)
ma olen ostnud *ich bin gekauft*	ich habe gekauft
sa oled ostnud *du bist gekauft*	du hast gekauft
ta on ostnud *er/sie ist gekauft*	er/sie hat gekauft (usw.)

Auch wenn man im Deutschen das Hilfsverb „haben" benötigt, verwendet man im Estnischen nur olema!

Für die Verneinung verwendet man ei ole („nicht sein(St.)") und das nud-Partizip:

ma ei ole läinud *ich nicht sein(St.) gegangen*	ich bin nicht gegangen
sa ei ole läinud *du nicht sein(St.) gegangen*	du bist nicht gegangen
ma ei ole ostnud *ich nicht sein(St.) gekauft*	ich habe nicht gekauft
sa ei ole ostnud *du nicht sein(St.) gekauft*	du hast nicht gekauft

vollendete Vergangenheit

Die vollendete Vergangenheit wird genauso gebildet wie die vollendete Gegenwart, nur dass olema *(sein) logischerweise in der Vergangenheit gebeugt wird.*

ma olin läinud *ich war gegangen*	ich war gegangen
sa olid läinud *du warst gegangen*	du warst gegangen (usw.)
ma olin ostnud *ich war gekauft*	ich hatte gekauft
sa olid ostnud *du warst gekauft*	du hattest gekauft (usw.)

Die Verneinung funktioniert wieder wie bei der vollendeten Gegenwart:

ma ei olnud läinud *ich nicht gewesen gegangen*	ich war nicht gegangen
sa ei olnud läinud *du nicht gewesen gegangen*	du warst nicht gegangen
ma ei olnud ostnud *ich nicht gewesen gekauft*	ich hatte nicht gekauft
sa ei olnud ostnud *du nicht gewesen gekauft*	du hattest nicht gekauft

Auffordern & Befehlen

Die Befehlsform an eine einzelne Person (z. B. „geh!, nimm!") wird gebildet, indem man von der 1. Person Ez („ich ...") die Endung -n wegstreicht.

Für jede weitere Befehlsform (z. B. „geht!, lasst uns gehen!" usw.) werden an den Verbstamm des da-Infinitivs die Endungen -gu,

-gem, -ge bzw. -ku, -kem, -ke angehängt. Endet der da-Infinitiv auf -da, wird die Befehlsform mit -g- gebildet, endet er jedoch auf -ta, wird er mit -k- gebildet.

kirjutama, kirjutada	schreiben
kirjuta!	schreib!
kirjutagu!	schreibe er/sie!, er/sie soll schreiben!
kirjutagem!	lasst uns schreiben!
kirjutage!	schreibt! schreiben Sie!
kirjutagu!	sie sollen schreiben!
ootama, oodata	warten
oota!	warte!
oodaku!	warte er/sie!
oodakem!	lasst uns warten!
oodake!	wartet! warten Sie!
oodaku!	sollen sie warten!

Die Befehlsformen des Hilfsverbs olema (sein) lauten:

ole!	sei!
olgu!	sei es!
olgem!	lasst uns sein! seien wir!
olge!	seid! seien Sie!
olgu!	seien sie! mögen sie sein!

Olgu! *heißt so viel wie „sei's drum" oder „schon gut".*

Die Verneinung der Befehlsform (Verbot) erfolgt mit einem besonderen Verneinungsverb, das der Befehlsform vorangestellt wird. Dieses Verneinungsverb hat (bis auf den Befehl in der Einzahl) dieselben Endungen wie die Befehlsform selber.

ära küsi!	frag nicht!
ärgu küsigu!	frage er/sie nicht!
ärgem küsigem!	lasst uns nicht fragen!
ärge küsige!	fragt nicht!, fragen Sie nicht!
ärgu küsigu!	mögen sie nicht fragen!

Bindewörter

Bindewörter (Konjunktionen)sind wie im Deutschen unveränderlich und verbinden einzelne Wörter, Wortgruppen oder Sätze; sie werden wie im Deutschen verwendet.

ja, ning	und, sowie
ka	auch
nii ... kui ka	sowohl ... als auch
mitte ainult ... vaid ka	nicht nur ... sondern auch
ei ... ega	weder ... noch
ehk	oder, d. h., bzw.
või	oder
ega	und ... nicht
kas ... või	entweder ... oder
aga, kuid	aber
ent	aber, doch
vaid	sondern
ometi	doch
siiski, ikkagi	dennoch
ehkki, kuigi	obwohl
niisiis, järelikult	folglich, also
sellegipoolest	trotzdem
seega	also

nii et	so dass
sest	weil, da, denn
nimelt	und zwar
sellepärast	deswegen
sellepärast et, sest et, sest	weil, da, denn
seetõttu	darum, deswegen
kuna	weil, da, während
selleks et	damit, um (zu)
et	dass, damit, um (zu)
kui, kuivõrd	wie (Vergl.)
nagu	wie, sowie
kui	wenn, als (zeitl.)
enne kui	ehe, bevor
seni kui	solange bis
niipea kui	sobald
kuni	bis
pärast seda kui	nachdem

Ma läksin Eestisse, et sõpru / sugulasi külastada.
ich ging Estland-nach(4), dass Freunde(3) / Verwandte(3) besuchen
Ich bin nach Estland gefahren, um Freunde/ Verwandte zu besuchen.

Enne, kui ma koju sõidan, tulen ma veel kord Teile / sulle külla.
bevor als ich nach-Hause fahre, komme ich nochmal Ihr(7) / du(7) zu-Besuch
Bevor ich nach Hause fahre, besuche ich Sie / dich noch einmal.

Bezügliche Fürwörter (Relativpronomen, z. B. „welcher, welche, welches; der, die, das"), beziehen sich auf das vorangegangene Hauptwort. Das Estnische unterscheidet nur zwei; allerdings werden sie gebeugt. In Klammern steht der Genitiv Ez und Mz).

kes (kelle, kellede)	welche(r, -s) (f. Personen)
mis (mille, millede)	welche(r, -s) (f. Dinge)

Ants, kes mind aitas, on juba läinud.
Ants, welcher mich(3) (er-)half, (er-)ist schon gegangen
Ants, der mir geholfen hat, ist schon gegangen.

Raamat, mis sulle meeldib, on läbi müüdud.
Buch, welches dir(7) (es-)gefällt, (es-)ist aus verkauft
Das Buch, das dir gefällt, ist ausverkauft.

Umstandswörter

Die meisten Eigenschaftswörter kann man zu einem Umstandswort (Adverb, abgekürzt: „Adv") machen, indem man an den Genitiv (2. Fall) die Endung -sti oder -lt anhängt. Ein- und zweisilbige Wörter haben eher die Endung -sti. In einigen Fällen kann man das Umstandswort auch auf beide Arten (also mit -sti und mit -lt) bilden. Das Umstandswort hästi (gut) ist eine Ausnahme.

Bildung von Umstandswörtern

Eigenschaftswort	2. Fall	Umstandswort
kõva (hart)	**kõva**	**kõvasti**
ilus (schön)	**ilusa**	**ilusasti**
halb (schlecht)	**halva**	**halvasti**
vaikne (still)	**vaikse**	**vaikselt**
lõbus (lustig)	**lõbusa**	**lõbusalt**
hea (gut)	**hea**	**hästi**

hea söök
gutes Essen
ein gutes Essen

Teie räägite hästi saksa keelt.
Ihr sprecht gut(Adv) deutsche Sprache(3)
Sie sprechen gut Deutsch.

lõbus pidu
fröhlich Feier
eine fröhliche Feier

Meil oli eile lõbus pidu.
bei -uns(8) war gestern fröhlich Feier
Wir hatten gestern eine fröhliche Feier.

Umstandswörter der Art und Weise

igatahes	auf jeden Fall
ärevil	aufgeregt
ometi	doch
samuti	ebenfalls
otse	gerade(zu)
vaevalt	kaum

käsitsi	mit der Hand
muidugi	natürlich, selbstverständlich
õieti	eigentlich, erst recht
ruttu	schnell
istukil	sitzend
isegi	sogar, selbst
täiesti	völlig, ganz u. gar
tõesti	wirklich
küllap, vist küllap vist	wahrscheinlich, wohl
küll	wohl, schon
jala, jalgsi	zu Fuß

Umstandswörter des Ortes

In Klammern stehen die Richtungsfälle (woher/wohin). Sie werden nicht gebeugt.

seal	dort	**siin**	hier
sinna	dahin, dorthin	**siia**	hierher
sealt	von dort	**siit**	von hier
kodus	zu Hause	**kuskil**	irgendwo
koju	nach Hause	**kuskile**	irgendwohin
kodunt	von zu Hause	**kuskilt**	irgendwoher
all	unten	**üleval, ülal**	oben
ees(pool)	vorne, vor(aus)	**tagapool**	hinten
eemal, kaugel	(weit) entfernt	**lähedal**	nah

Weitere Umstandswörter findet man im Kapitel „Maße und Mengenangaben“ sowie im Kapitel „Uhrzeit und Datum“.

Die 14 Fälle

Das estnische Fallsystem unterscheidet sich grundsätzlich vom deutschen. Es gibt im Estnischen 14 Fälle, von denen im Deutschen der Nominativ (Werfall) und Genitiv (Wesfall) bekannt sind. Man sollte jedoch nicht vor Schreck das Buch wieder zuschlagen: Trotz der erschreckenden Anzahl von Fällen sind sie relativ einfach zu handhaben.

Der Genitiv Einzahl ist im Estnischen die Ausgangsform für alle weiteren Fälle, weswegen er in den Wörterlisten immer mitangegeben ist. Im Kapitel „Hauptwörter“ und „Steigern und Vergleichen“ etc. ist er schon vorgekommen.

die 14 Fälle im Überblick

In der Wort-für-Wort-Übersetzung sind alle Fälle außer dem 1. Fall (Nominativ) mit der „Nummer“ des betreffenden Falls versehen.

Der 3. Fall (Partitiv) wird oft unregelmäßig gebildet. In der Tabelle steht nur die sehr häufig vorkommende Endung -t/-d (für die Ez) bzw. -it/-id (für die Mz). Darüber hinaus gibt es bei der Mehrzahl immer die Varianten mit -d- und -t-; der Unterschied ist im Estnischen jedoch nicht zu stark.

Die 14 Fälle

Fall-Nr.	Ez	Mz	Bedeutung	Fragen		Antwort (Beispiel)	
1. **Nominativ**	keine best.	**-d** u. a.	(Satz)Gegenstand (Subjekt)	**kes?** **mis?**	wer? was?	**mina** **maja**	ich Haus
2. **Genitiv**	Stamm, auf Selbst- laut)	**-te,** **-de**	(Satz)Ergänzung (Objekt): zeigt den Besitzer an und fungiert wie der dt. Akkusativ (Wenfall)	**kelle?** **mille?**	wessen? wessen?	**minu** **hotelli**	mein des Hotels
3. **Partitiv**	**-t,** **-d** u. a	**-it,** **-id** .u.a.	Teilobjekt, unbestimmte Menge	**keda?** **mida?** **kui palju?**	wen? was? wie viel?	**mind** **leiba** **kaks aastat**	mich Brot zwei Jahre
4. **Illativ**	**-sse**	**-tesse,** **-desse**	innerer lokaler Richtungs- fall: in (einen geschlossenen Raum) hinein	**kellesse?** **millesse?** **kuhu?**	in wen? in was? wohin?	**sinusse** **raamatusse** **muuseumisse**	in dich ins Buch ins Museum
5. **Inessiv**	**-s**	**-tes,** **-des**	innerer lokaler Ruhefall: in (einem geschlossenen Raum)	**kelles?** **milles?** **kus?** **kunas?**	in wem? worin? wo? wann?	**sinus** **hotellis** **linnas** **detsembris**	in dir im Hotel in der Stadt im Dezember
6. **Elativ**	**-st**	**-test,** **-dest**	innerer lokaler Trennungsfall: aus (dem geschlosse- nen Raum) heraus	**kellest?** **millest?** **kust?**	aus wem? wovon? woher? woraus?	**sinust** **puust** **rongist**	aus dir aus Holz aus dem Zug

7.	**-le**	**-tele,**	äußerer lokaler Richtungs-	**kellele?**	wem?/f. wen?	**sinule**	dir / für dich
Allativ		**-dele**	fall: an etwas (Begrenztes),	**millele?**	für was?	**tervisele**	für die Gesundheit
			an jmd. heran	**kuhu?**	wohin?	**lauale**	auf den Tisch
8.	**-l**	**-tel,**	äußerer lokaler Ruhefall:	**kellel?**	bei wem?	**minul**	bei mir
Adessiv		**-del**	an / auf etwas	**millel?**	woran?	**seinal**	an der Wand
			(Begrenztes	**kus?**	wo?	**maal**	auf dem Land
9.	**-lt**	**-telt,**	äußerer lokaler	**kellelt?**	von wem?	**minult**	von mir
Ablativ		**-delt**	Trennungsfall:	**millelt?**	wovon?	**sellelt**	davon
			von ... weg, ab	**kust?**	woher?	**turult**	vom Markt
10.	**-ks**	**-teks,**	Veränderungsfall,	**kelleks?**	zu wem?	**isaks**	zum Vater (werden)
Translativ		**-desk**	Anzeige einer				
			Zustandsveränderung	**milleks?**	zu was?	**karistuseks**	zur Strafe
11.	**-ni**	**-teni,**	Begrenzungsfall,	**kelleni?**	bis zu wem?	**minuni**	bis zu mir
Terminativ		**-deni**	Anzeige eines Endes	**milleni?**	bis wohin?	**piirini**	bis zur Grenze
				kui kaua?	wie lange?	**(kella) seitsmeni**	bis sieben (Uhr)
12.	**-na**	**-tena,**	Zustandsfall:	**kellena?**	als wer?	**inimesena**	als Mensch
Essiv		**-dena**	Zustand als etwas	**millena?**	als was?	**abina**	als Hilfe
13.	**-ta**	**-teta,**	Anzeige eines Fehlens /	**kelleta?**	ohne wen?	**lapseta**	ohne Kind
Abessiv		**-deta**	Mangels: ohne etwas / jem.	**milleta?**	ohne was?	**rahata**	ohne Geld
14.	**-ga**	**-tega,**	Begleitungsfall, Zugehörig-	**kellega?**	mit wem?	**minuga**	mit mir
Komitativ		**-dega**	keit: zusammen mit	**millega?**	womit?	**autoga**	mit dem Auto

Stufenwechsel

Eine Besonderheit der estnischen Sprache ist der Stufenwechsel, dem Hauptwörter, Verben und Zahlwörter unterliegen können. Er bezeichnet eine Erscheinung, die bei der Beugung innerhalb eines Wortes eine Lautveränderung verursacht, also den Stamm eines Wortes verändert.

Grundregeln für den Stufenwechsel bei Hauptwörtern

- Immer in der starken Stufe steht der 3. Fall Mz.
- Immer in der gleichen Stufe stehen der 1. Fall Ez, der 3. Fall Ez und 2. Fall Mz.
- Der 1. Fall Ez und der 3. Fall Ez stehen immer in einer anderen Stufe als der 2. Fall Ez. Ebenso steht der 1. Fall Mz immer in einer anderen Stufe als der 2. Fall Mz.

Grundregeln für den Stufenwechsel bei Verben

- Immer in der starken Stufe stehen der ma-Infinitiv und die einfache Vergangenheit (nur Aktiv, nicht der Passiv!)
- Immer in der gleichen Stufe stehen die Gegenwart (nur Aktiv!), die Bedingungsform Gegenwart sowie die Befehlsform für die 2. Person Ez.
- Der da-Infinitiv steht immer in einer anderen Stufe als die Gegenwart. Die Befehlsform für die 2. Person Ez steht immer in einer anderen Stufe als alle übrigen Befehlsformen.

Ein Wort, das dem Stufenwechsel unterliegt, tritt in zwei verschiedenen Formen auf: in einer starken und in einer schwachen Stufe. Je nach Art der Lautveränderung unterteilt man den Wechsel in den „quantitativen" und den „qualitativen Stufenwechsel".

Die Tabellen geben nur eine kleine Auswahl der möglichen Stufenwechsel wieder. Am besten lernt man die Wechsel bei den am häufigsten vorkommenden Worten auswendig. Wenn ein Wort dem Stufenwechsel unterliegt, also einen anderen Stamm erhalten kann, ist dies in der Wörterliste im Anhang angegeben.

quantitativer Stufenwechsel

Beim quantitativen Stufenwechsel geht es um den Wechsel von einem langen zu einem kurzen Selbst- oder Mitlaut (z. B. wird -tt- zu -t-) oder von einem harten zu einem weichen Mitlaut (z. B. wird -t- zu -d-). Die folgende Übersicht zeigt nur eine Auswahl.

starke Stufe	schwache Stufe	
seppa (Schmied, 3. Fall)	**sepa** (2. Fall)	-pp- → -p-
poissi (Junge, 3. Fall)	**poisi** (2. Fall)	-ss- → -s-
mõtte (Gedanke, 2. Fall)	**mõte** (1. Fall)	-tt- → -t-
auku (Loch, 3. Fall)	**augu** (2. Fall)	-k- → -g-
kaupa (Ware, 3. Fall)	**kauba** (2. Fall)	-p- → -b-

qualitativer Stufenwechsel

Beim qualitativen Stufenwechsel unterscheidet man zwischen Mitlautausfall und Mitlautwechsel. Beim Mitlautausfall ist das Vorhandensein des Mitlauts die starke Stufe, während ein Ausfall desselben die schwache Stufe darstellt. Beim Mitlautwechsel bedeutet ein Explosivlaut die starke Stufe und ein Nicht-Explosivlaut die schwache.

	starke Stufe	schwache Stufe
-b- → -v-	**leiba** (Brot, 3. Fall)	**leiva** (2. Fall)
-mb- → -mm-	**hamba** (Zahn, 2. Fall)	**hammas** (1. Fall)
-d- → -j-	**kadu** (Verlust, 1. Fall)	**kao** (2. Fall)
-b- → *entfällt*	**tuba** (Zimmer, 1. Fall)	**toa** (2. Fall)
-ld- → -ll-	**kulda** (Gold, 3. Fall)	**kulla** (2. Fall)
-rd- → -rr-	**korda** (Mal, 3. Fall)	**korra** (2. Fall)
-sk- → -s-	**uskuma** (glauben, Inf.)	**usun** (ich glaube)

Wessen, Wem, Wen?

Die persönlichen Fürwörter werden gebeugt, indem an die besitzanzeigenden Fürwörter (= Genitiv der persönlichen Fürwörter!) die Fallendungen angehängt werden.

Ab dem 6. Fall (Elativ) sind die Fallendungen regelmäßig, d. h., dass die Endungen, wie im Kapitel „Die 14 Fälle“ beschrieben, an den Genitiv angehängt werden! Ausnahme: Für meie (wir) heißt der Stamm mei-, für teie (ihr) heißt der Stamm tei-.

Hinter dem Schrägstrich stehen die gebräuchlichen Kurzformen. Die längere Form wird gebraucht, wenn das Fürwort besonders betont werden soll (z. B. zur Unterscheidung) und das Hauptgewicht des Satzes auf ihm liegt. Der Gebrauch hängt nicht von der Sprachebene (Schrift- oder Umgangssprache) ab.

Fall	mina/ma (ich)	sina/sa (du)	tema/ta (er, sie)	meie/me (wir)	teie/te (ihr)	nemad/ nad (sie)
2.	minu/mu	sinu/su	tema/ta	meie/me	teie/te	nende
3.	mind	sind	teda	meid	teid	neid
4.	minusse	sinusse	temasse	meisse	teisse	nendesse
5.	minus	sinus	temas	meis	teis	nendes
6.	minust	sinust	temast	meist	teist	nendest
	usw.	usw.	usw.	usw.	usw.	usw.

Satzstellung

Im Deutschen besteht der kleinste mögliche Satz aus Satzgegenstand (Subjekt) und Satzaussage (Prädikat). Im Estnischen reicht meistens bereits das Verb aus, wenn aus der Verbform die Person eindeutig hervorgeht. Dies trifft vor allem für die 1. und 2. Person Ez und Mz („ich, du, wir, ihr") zu.

Sajab.	lähen	olete
(es-)regnet	*(ich-) gehe*	*(ihr-)seid*
Es regnet.	ich gehe	ihr seid

Ma lähen täna vara koju.
ich gehe heute zeitig nach-Hause
Ich gehe heute zeitig nach Hause.

Täna ma lähen vara koju.
heute ich gehe zeitig nach-Hause
Heute gehe ich zeitig nach Hause.

Die Wortstellung ist dem Deutschen ähnlich, jedoch freier. Der Satzgegenstand steht in der Regel am Satzanfang, gefolgt von der Satzaussage und der Satzergänzung (Objekt). Das betonte Satzglied wird an den Satzanfang gestellt; anders als im Deutschen bleibt die Reihenfolge der restlichen Satzglieder bestehen.

Fragen

Entscheidungsfragen sind Fragen, auf die man nur mit jah (ja) oder ei (nein) antworten kann. Sie werden durch die Fragepartikel kas (ob) eingeleitet, die keinen Einfluss auf die Wortstellung hat.

Entscheidungsfragen

Naine läheb koju.
Frau geht nach-Hause
Die Frau geht nach Hause.

Kas naine läheb koju?
ob Frau geht nach-Hause
Geht die Frau nach Hause?

Ähnlich wie im Deutschen können innerhalb des Satzes auch Satzgegenstand und Satzaussage vertauscht werden:

Sa olid eile seal.	**Kas sa olid eile seal?**
Du warst gestern dort.	Warst du gestern dort?

Kas sa tuled meiega?	**Jah. / Jah, tulen.**
ob du kommst mit-uns(14)	*ja / ja (ich-)komme*
Kommst du mit uns?	Ja./Ja, ich komme mit.

Im indirekten Fragesatz steht auch kas *(ob):*

Ma küsin, kas Sa kuulad mind?
(ich-)frage, ob du zuhörst mich
Ich frage, ob du zuhörst.

Ta küsis, kas ma olen sakslane / sakslanna.
er fragte, ob ich bin Deutscher / Deutsche
Er fragte, ob ich Deutsche(r) sei.

Ergänzungsfragen

Ergänzungsfragen werden mit Fragewörtern eingeleitet. Man kann nur mit einem vollständigen Satz antworten. Die Fragewörter kes? („wer?" für Personen) und mis? („was?" für Gegenstände) sind bereits als bezügliche Fürwörter (Relativpronomen) im Kapitel „Bindewörter" vorgestellt worden. Kes?, mis? sowie kumb? (welche(r) von beiden?) und missugune? (was für ein(e)?) werden gebeugt, und das für die Ein- und Mehrzahl unterschiedlich.

Eine ziemlich vollständige Liste der Fragewörter kann man der Tabelle im Kapitel „Die 14 Fälle" entnehmen; hier nur eine kleine Auswahl (in Klammern steht der 2. Fall).

kes (kelle)	wer?	**mis (mille)**	was?
kus	wo?	**millal**	wann?
kuhu	wohin?	**mitu**	wie viel?
kust	woher?	**miks**	warum?
kunas	wann?	**kuidas**	wie?
kumb (kumma)	welche(r) von beiden?	**missugune (missuguse)**	was für ein(e)?

Der Satzteil, nach dem gefragt wird (= Fragewort), steht in der Antwort in demselben Fall wie das Fragewort.

Kust sa tuled?	**Ma tulen linnast.**
woher(6) du kommst	*ich komme Stadt(6)*
Woher kommst du?	Ich komme aus der Stadt

Kus sa elad?	**Ma elan Harju tänaval.**
wo du wohnst	*ich wohne Harju Straße(5)*
Wo wohnst du?	Ich wohne in der Harju-Str.

Millal me jälle kohtume?
wann wir wieder (wir-)treffen
Wann sehen wir uns wieder?

Homme kohtume.
morgen (wir-)sehen
Morgen sehen wir uns wieder.

Keda Teie tahate külastada?
wen(3) Ihr wollt besuchen
Wen wollen Sie besuchen?

Ma tahan oma venda külastada.
ich will meinen Bruder(3) besuchen
Ich will meinen Bruder besuchen.

Kui palju (mis) see maksab?
wie viel (was) dieses kostet
Wie viel kostet das?

Kummal on õigus?
wer-von-beiden(8) hat Recht
Wer hat Recht?

Mis maja see on?
was Haus dieses (es-)ist
Was für ein Haus ist das?

See on raekoda.
dieses (es-)ist Rathaus
Das ist das Rathaus.

Kumb tänav viib hotelli juurde?
welche-von-beiden Straße führt Hotel(2) zu
Welche Straße führt ins Hotel?

Verhältniswörter

Viele deutsche Verhältniswörter werden schon allein durch die Fälle ausgedrückt. Im Estnischen gibt es darüber hinaus voran- und nachgestellte Verhältniswörter.

vorangestellte Verhältniswörter

Die vorangestellten Verhältniswörter stehen wie im Deutschen vor dem Hauptwort, auf das sie sich beziehen. Das Hauptwort selber wird dann in dem Fall wie in der Tabelle angegeben gebeugt.

Die meisten dieser Verhältniswörter stehen mit dem Partitiv (3. Fall).

vastu *kann sowohl voran- als auch nachgestellt sein.*

peale (2.)	außer	**peale, pärast** (3.)	nach (zeitl.)
kuni (11.)	bis (zeitl.)		
vastu (3.)	gegen	**ilma** (13.)	ohne
keset (3.)	inmitten	**enne** (3.)	vor (zeitlich)
mööda, piki (3.)	längs, entlang	**koos, ühes** (14.)	zusammen/ gemeinsam mit

Ma lähen enne esmaspäeva koju.
ich gehe vor Montag(3) nach-Hause
Ich fahre vor Montag nach Hause.

Ta seisis keset tuba.
er stand inmitten Zimmer(3)
Er stand mitten im Zimmer.

Ta läks mööda tänavat.
sie ging entlang Straße(3)
Sie ging die Straße entlang.

Ma lähen koos Jüriga linna.
ich gehe mit Jüri(14) in-Stadt(4)
Ich gehe mit Jüri in die Stadt.

Ma sõidan ühes teiega.
ich fahre mit euch(14)
Ich fahre gemeinsam mit euch.

Ilma sinuta on igav.
ohne dich(13) (es-)ist langweilig
Ohne dich ist es langweilig.

Ma ootan kuni kella kuueni.
ich warte bis Uhr(2) sechs(11)
Ich warte bis sechs Uhr.

Peale minu on kõik eestlased.
außer mir(2) sind alles Esten
Außer mir sind alle Esten.

Peale lõunat läheme suplema.
nach Mittag(3) (wir-)gehen baden
Nach dem Mittag gehen wir baden.

nachgestellte Verhältniswörter

Wie es der Name schon sagt, stehen diese Verhältniswörter nach dem Hauptwort, auf die sie sich beziehen. Auch sie verlangen, dass das vorangehende Bezugswort in einem bestimmten Fall gebeugt wird. Vielfach gibt es Dreiergruppen für je drei verschiedene Richtungen, zum Beispiel:

all	**alla**	**alt**
unter	hinunter	unter ... hervor
(Ruhefall)	(Richtungsfall)	(Trennungsfall)

Die Fälle, mit denen die Dreiergruppen stehen, sind immer gleich!

Ta istub silla all.
er/sie/es sitzt Brücke(2) unter
Er sitzt unter der Brücke.

Ta läks trepist alla.
er/sie/es ging Treppe(6) hinunter
Er ging die Treppe hinunter.

Ta tuleb laua alt.
er/sie/es kommt Tisch(2) unter-hervor
Sie kommt unter dem Tisch hervor.

Alle Postpositionen in der folgenden Tabelle stehen mit dem Genitiv (2. Fall). (Ausnahme: kaudu (durch, vermittels, über) kann mit dem 2. und 3. Fall stehen.) In der folgenden Tabelle wird der „Ruhefall" angegeben, die anderen beiden Fälle („Richtung", „Trennung") stehen in Klammern. Bei der deutschen Übersetzung steht in Klammern die Bedeutung des Trennungsfalls.

peale	auf (Richtg.)
all (alla; alt)	unter (unter ... hervor)
ees (ette; eest)	vor (örtl.)
juures (juurde; juurest)	bei; an; zu (von ... weg)
järel (järele; järelt)	hinter, nach (zeitl. + örtl.)
kaudu	durch, vermittels, über
kohal (kohale, kohalt)	bei; herbei (von ... her)
kõrval (kõrvale, kõrvalt)	neben
ligidal (2.)	unweit, in der Nähe
vastu (2.)	gegen

Verhältniswörter

käes (kätte, käest)	in, an, bei (von)
küljes (külge, küljest)	an, fest an etwas (von)
peal (peale, pealt)	auf (von)
pool (poole, poolt)	bei
seas (sekka, seast)	inmitten, unter (aus)
sees (sisse, seest)	in, innerhalb (aus, von innen)
taga (taha, tagant)	hinter (hinter ... hervor)
teel	auf dem Wege, mittels, mit Hilfe
tõttu	wegen
vahel (vahele, vahelt)	zwischen (zwischen ... heraus)
vastas (vastu, vastast)	gegenüber, gegen
üle	über
ümber	um ... herum

Panen leiva laua peale.
(ich-)lege Brot(2) Tisch(2) auf
Ich lege das Brot auf den Tisch.

Leib on laua peal.
Brot (es-)ist Tisch(2) auf
Das Brot liegt auf dem Tisch.

Hommikust peale sajab vihma.
Morgen(6) seit (es-)regnet Regen(3)
Seit dem Morgen regnet es.

Ma elan oma sõprade juures.
ich wohne eigene Freunde(2) bei
Ich wohne bei meinen Freunden.

Seda teed kaudu jõuad kiiremini linna.
diesen(3) Weg(3) entlang (du-)gelangst schneller Stadt(4)
Diesen Weg entlang kommst du schneller in die Stadt.

Me kohtume muuseumi / raekoja ees.
wir (wir-)treffen uns Museum(2) / Rathaus(2) vor
Wir treffen uns vor dem Museum/Rathaus.

Kas ma tulen sinu / Teie juurde?
ob ich komme du(2) / Ihr(2) zu
Soll ich zu dir / Ihnen kommen?

Rückbezügliche Verben

Rückbezügliche Verben (Reflexivpronomen, z. B. „sich waschen, sich anziehen") gibt es im Estnischen nur wenige. Rückbezügliche Verben enden auf -uma anstatt auf -ma.

Daneben gibt es das rückbezügliche Fürwort (Reflexivpronomen) ise („mich, dich, sich, uns, euch, ihnen"), das nur in der Ein- und Mehrzahl unterschieden wird. Das bedeutet: Für die gebeugten Formen von „mich, dich, sich" braucht man die Einzahlform, für „uns, euch, Ihnen" jedoch die Mehrzahlform.

Fall	Ez	Mz	Fall	Ez	Mz
1.	ise	ise	8.	endal	endil
2.	enda	endi	9.	endalt	endilt
3.	end	endid	10.	endaks	endiks
4.	endasse	endisse	11.	endani	endini
5.	endas	endis	12.	endana	endina
6.	endast	endist	13.	endata	endita
7.	endale	endile	14.	endaga	endiga

Ostsin endale raamatu.
(ich-)kaufte sich(7) Buch(3)
Ich kaufte mir ein Buch.

Ma pesen end.
ich wasche sich(3)
Ich wasche mich.

Abhängigkeitsform (modus obliquus)

Mit der Abhängigkeitsform hat man die Möglichkeit, etwas Indirektes oder Unklares auszudrücken. Im Deutschen kann man diese Form am ehesten mit dem Zusatz „angeblich“, „wahrscheinlich“ oder „soll sein“ übersetzen. Die Abhängigkeitsform tritt in der Gegenwart und in der Vergangenheit auf.

Die Endung für die Gegenwart lautet unveränderlich -vat, die an den Stamm des ma-Infinitivs angehängt wird:

Die Gegenwartsform wird mittlerweile nur noch selten benutzt.

lugema	lesen
sa lugevat	du liest angeblich
tulema	kommen
nad tulevat	sie kommen angeblich

In der Vergangenheit (hier: vollendete Gegenwart) wird das Hilfsverb olema (sein) mit der Endung -vat versehen (also: olevat) und vor das Partizip II (nud-Variante) gestellt (vgl. Kap. „Das Partizip II“):

Sa oled lugenud.
du bist gelesen
Du hast gelesen.

Sa olevat lugenud.
du bist(-angeblich) gelesen
Du hast angeblich gelesen.
/ Du sollst gelesen haben.

Nad on tulnud.
sie(Mz) sind gekommen
Sie sind gekommen.

Nad olevat tulnud.
sie(Mz) sind(-angeblich) gekommen
Sie sind angeblich gekommen.
/ Sie sollen gekommen sein.

Nad ei tulevat.
sie(Mz) nicht kommen(-angeblich)
Sie kommen angeblich nicht.

Nad ei olevat tulnud.
sie(Mz) nicht sind(-angeblich) gekommen
Sie sind angeblich nicht gekommen.

Die Abhängigkeitsform verneint man, indem man die Verneinungspartikel ei *(nicht) vor das (zusammengesetzte) Verb stellt.*

Bedingungsform

Die Bedingungsform (Konditional) – sie entspricht dem deutschen „würde", „hätte", „könnte" – ist vor allem in der Gegenwart gebräuchlich.

Man bildet die Bedingungsform, indem von der 1. Person Ez („ich") das -n weggestrichen und -k- an den Stamm des Infinitivs angehängt wird. Daran werden die Personalendungen für die Vergangenheit angehängt:

kirjutama	schreiben
ma kirjutaksin	ich schriebe
sa kirjutaksid	du schriebst
ta kirjutaks	er schriebe
me kirjutaksime	wir schrieben
te kirjutaksite	ihr schriebt
nad kirjutaksid	sie schrieben

Ma tahaksin Sinuga kinno minna.
ich würde mit-dir(14) Kino-in(4) gehen
Ich würde mit dir gern ins Kino gehen.

Kas tohiks ...?
ob (man-)dürfte ...
Dürfte man ...?

Kas võiksin siin ööbida?
ob (man-)dürfte hier übernachten
Dürfte ich hier übernachten?

Kas ma tohiksin küsida, kas Teil on veel üks käterätik?
ob ich dürfte fragen, ob bei-Euch(8) (es-)ist noch ein Handtuch
Darf ich fragen, ob Sie noch ein Handtuch haben?

Zahlen & Zählen

Auch Zahlen können gebeugt werden. In Klammern steht daher der 2. Fall (Genitiv).

Grundzahlen

0	**null**		
1	**üks (ühe)**	6	**kuus (kuue)**
2	**kaks (kahe)**	7	**seitse (seitsme)**
3	**kolm (kolme)**	8	**kaheksa (kaheksa)**
4	**neli (nelja)**	9	**üheksa (üheksa)**
5	**viis (viie)**	10	**kümme (kümne)**

Die Zahlen von 11 bis 19 werden gebildet, indem die Grundzahl mit der Endung -teist versehen wird. Bei der Beugung ist zu beachten, dass -teistkümmend statt -teist angehängt wird und nur die Endung -kümmend gebeugt wird.

11	**üksteist**
12	**kaksteist**
13	**kolmteist** usw.

Bei den Zehnerzahlen (20, 30 ...) wird an die Grundzahl nur -kümmend angehängt.

20	**kakskümmend**
30	**kolmkümmend**
40	**nelikümmend** usw.
41	**nelikümmend üks**
42	**nelikümmend kaks**
43	**nelikümmend kolm** usw.

Bei zusammengesetzten Zahlen wird die Einerzahl der Zehnerzahl einfach nachgestellt.

Hunderter werden mit der Grundzahl und sada *(hundert) gebildet.*

100	**(üks) sada**	101	**sada üks**
200	**kakssada**	102	**sada kaks**
300	**kolmsada**	103	**sada kolm**
400	**nelisada**	121	**sada kakskümmend üks**
500	**viissada**	254	**kakssada viiskümmend neli**

Tausender werden mit der Grundzahl und tuhat *(tausend) gebildet.*

1000	**(üks) tuhat**	1001	**tuhat üks**
2000	**kaks tuhat**	1010	**tuhat kümme**
3000	**kolm tuhat**	1100	**tuhat ükssada**

Zehntausender bildet man ganz regelmäßig mit kümme tuhat und Hunderttausender mit sada tuhat. 1.000.000 heißt miljon und 1.000.000.000 miljard.

Ordnungszahlen

Die Ordnungszahlen werden gebildet, indem an den 2. Fall der Grundzahl ein -s *angefügt wird.*

1.	**esimene**	6.	**kuues**
2.	**teine**	7.	**seitsmes**
3.	**kolmas**	8.	**kaheksas**
4.	**neljas**	9.	**üheksas**
5.	**viies**	10.	**kümnes**

Ausnahmen sind die Zahlen 1., 2., 3.

Bruchzahlen

Um Bruchzahlen zu bilden, braucht man wieder den 2. Fall der Grundzahl. An diesen hängt man die Endung -ndik an. Ausnahme ist pool (halb; Hälfte):

1/2	**pool**	2/3	**kaks kolmandikku**
1/3	**kolmandik**	1/4	**veerand; neljandik**

Dezimalzahlen

0,4	**null koma neli**
0,08	**null koma null kaheksa**

Bei Kommazahlen gilt dieselbe Reihenfolge wie im Deutschen. „Komma“ heißt auch im Estnischen koma.

noch mehr Zahlen

Hängt man an den 2. Fall der Grundzahl die Endung -kaupa (etwa: „je(weils“) an, kann man Folgendes ausdrücken:

kahekaupa	*zwei(2)-je*	je zwei
kolmekaupa	*drei(2)-je*	je drei
kuuekaupa	*sechs(2)-je*	je sechs

Die Zahlwörter „einmal, zweimal ...“ werden mit dem 3. Fall (Partitiv) von kord (Mal) gebildet:

viis korda	*fünf Mal(3)*	fünfmal
tuhat korda	*tausend Mal(3)*	tausendmal

Mit der Endung -kesi, die an den 2. Fall der Grundzahl angehängt wird, kann man sagen:

kahekesi	zu zweit	**viiekesi**	zu fünft
kolmekesi	zu dritt	**mitmekesi**	zu vielen

zählen

kolm sõpra	**viis meest**
drei Freund(3)	*fünf Mann(3)*
drei Freunde	fünf Männer

Achtung! Anders als im Deutschen steht das Hauptwort, das gezählt wird, in der Einzahl und wird im 3. Fall gebeugt.

In einem vollständigen Satz wird jedoch das Hauptwort, das gezählt wird, normal gebeugt (allerdings in der Einzahl) und das Zahlwort steht im 2. Fall:

Ma sõidan kolme sõbraga Tallinnasse.
ich fahre drei(2) Freund-mit(14) Tallinn-nach(4)
Ich fahre mit drei Freunden nach Tallinn.

Maße & Mengenangaben

sada grammi *100 Gramm(2)*	100 Gramm	**(üks) kilo**	ein Kilo
		(üks) liiter	ein Liter

umbes	ungefähr, etwa
vähe	wenig, gering
natuke, pisut, veidi	ein wenig, etwas
liiga vähe	zu wenig
palju	viel
liiga palju	zu viel

Palun mulle kolmsada grammi sinki.
(ich-)bitte ich(7) 300 Gramm(3) Schinken(3)
Ich hätte gern 300 Gramm Schinken.

Kas sellest piisab?
ob dieses (es-)ausreicht
Ist das genug?

Natuke rohkem, palun.
etwas mehr, (ich-)bitte
Noch etwas mehr, bitte

See on liiga palju.
dieses (es-)ist zuviel
Das ist zu viel.

Uhrzeit & Datum

Umstandswörter der Zeit

täna – eile – homme	heute – gestern – morgen
üleeile – ülehomme	vorgestern – übermorgen
päeval	tags(über)
hommikul – enne lõunat	morgens – vormittags
lõuna ajal	mittags
pärastlõunal, peale lõunat	nachmittags
õhtul – öösel	abends – nachts
vara – hilja	früh – spät
enne	vorher, früher
pärast	später, nachher
vanasti	früher, einst
harva – ajuti	selten – ab und zu
sageli, tihti – alati, ikka	oft – immer
hiljuti	vor kurzem
nüüd – kohe	jetzt – sofort, gleich
varsti – siis	bald – dann
mullu – tänavu	voriges Jahr – dieses Jahr
tuleval aastal	nächstes Jahr

Ma sõidan homme ära.
Ich fahre morgen weg
Ich reise morgen ab.

Ma läksin hilja voodisse.
Ich ging spät Bett-in(4)
Ich bin spät ins Bett gegangen.

Mul ei ole kahjuks täna aega.
Ich(8) nicht sein(St.) leider heute Zeit(3)
Ich habe heute leider keine Zeit.

Ma tulen homme õhtul.
ich komme morgen abend
Ich komme morgen Abend.

Uhrzeit

kell	Uhr	**minut**	Minute
aeg	Zeit	**tund**	Stunde

Eine gute Nachricht gleich vorweg: Bei der Angabe der Uhrzeit braucht man, wenn man bei der Uhrzeit etwas „schummelt", nicht an die Beugung zu denken!

Mis kell on?
was Uhr ist
Wie spät ist es?

Kell on kolm.
Uhr ist drei
Es ist drei Uhr.

Kell on pool kaks.
Uhr ist halb zwei
Es ist halb zwei.

Kell on veerand viis.
Uhr ist viertel fünf
Es ist Viertel nach vier.

Kell on kolmveerand seitse.
Uhr ist dreiviertel sieben
Es ist Viertel vor acht.

Kell on viis minutit neli läbi.
Uhr ist fünf Minute(3) vier(1) durch
Es ist fünf nach vier.

Kell on kümme enne viit.
Uhr ist zehn vor fünf(3)
Es ist zehn vor fünf.

Mis kell kino algab?
was Uhr Kino anfängt
Wann fängt das Kino an?

Kino algab kell viis.
Kino anfängt Uhr 5
Es fängt um fünf Uhr an.

Wochentage

esmaspäev	Montag	**reede**	Freitag
teisipäev	Dienstag	**laupäev**	Sonnabend
kolmapäev, kesknädal	Mittwoch	**pühapäev**	Sonntag
neljapäev	Donnerstag		

Reedel sööme kala.
Freitag(8) (wir-)essen Fisch
Am Freitag essen wir Fisch.

Pühapäeviti käime kirikus.
sonntags (wir-)gehen Kirche-in(5)
Sonntags gehen wir zur Kirche.

Feiertage

lihavõtted	Ostern	**nelipühad**	Pfingsten
jõulud	Weihnachten	**uusaasta**	Neujahr

Monate

jaanuar	Januar	**juuli**	Juli
veebruar	Februar	**august**	August
märts	März	**september**	September
aprill	April	**oktoober**	Oktober
mai	Mai	**november**	November
juuni	Juni	**detsember**	Dezember

veebruaris
Februar-in(5)
im Februar

Detsembris on jõulud.
Dezember-in(5) ist Weihnachten
Im Dezember ist Weihnachten.

Mul on juunis sünnipäev.
bei-mir(8) ist Juni-in(5) Geburtstag
Ich habe im Juni Geburtstag.

Jahreszeiten

kevad	Frühling	**sügis**	Herbst
suvi	Sommer	**talv**	Winter

Kas sa tuled suvel Eestisse?
ob du kommst Sommer-in(8) Estland-nach(4)
Kommst du im Sommer nach Estland?

Talvel ei ole alati lund.
Winter-in(8) nicht sein(St.) immer Schnee(3)
Im Winter gibt es nicht immer Schnee.

Datum

nädal	Woche	**aasta**	Jahr
kuu	Monat	**kuupäev**	Datum

Mis kuupäev täna on?
was Datum heute ist
Welches Datum haben wir heute?

Täna on kahekümne seitsmes oktoober.
heute ist zwanzig siebte Oktober
Heute ist der 27. Oktober.

Mis kuupäev oli eile?
was Datum war gestern
Welches Datum war gestern?

Eile oli kolmeteistkümnes.
gestern war dreizehnter
Gestern war der dreizehnte.

viiendal septembril
fünfter(8) September(8)
am 5. September

seitsmeteistkümnendal augustil
siebzehnter(8) August(8)
am 17. August

1992. aastal (abgekürzt: **1992. a**)
tuhande üheksasaja üheksakümne teisel aastal
tausend(2) neunhundert(2) neunzig(2) zwei(8) Jahr(8)
im Jahre 1992

Olde Hansa
DVLCIS
HANSA
PRVNVS DVLCIS
REVALIENSES

Kurz-Knigge

Die Esten sind eher zurückhaltend; man muss also aufpassen, dass man mit der eigenen vergleichsweise „südlichen" **Mentalität** nicht aufdringlich wirkt. Zunächst ist also höfliche Distanz geboten. Hat man aber einmal die Sympathie eines Esten gewonnen, so ist diese beständig und echt, man trifft dann auf große Herzlichkeit und Gastfreundschaft.

Anders als bei uns **begrüßt und verabschiedet** man sich nicht immer mit Handschlag.

Mit **Geschenken,** die man Esten macht, sollte man vorsichtig und taktvoll sein; denn die Esten sind sehr stolz und sind im Annehmen der Gaben nicht so locker wie wir. Geld z. B. sollte man nie als Geschenk, sondern immer nur je nach Situation für eine konkrete Hilfeleistung anbieten. Auch gebrauchte Kleidung etc. sollte man nicht ohne weiteres verschenken. Dies ist höchstens dann möglich, wenn man richtig befreundet ist.

Namen

Namen setzen sich wie im Deutschen aus Vor- und Nachnamen zusammen. Auf dem Lande gibt es allerdings eine Besonderheit: Die Familien nennen sich nach dem Hof, den sie bewohnen. (Die Namen der Höfe sind uralt überliefert.) Früher, als die Höfe noch Privatbesitz waren, war diese Namensgebung noch sehr viel häufiger.

Man umarmt sich nur nach langer Trennung oder wenn man einen besonders guten Freund wiedersieht. Die tägliche Begrüßung verläuft auch ohne Händeschütteln.

Anrede

Unter guten Freunden und Jugendlichen ist das Duzen üblich, ansonsten sagt man **Teie** (Sie). Die Begrüßung fällt eher zurückhaltend – gemäß der estnischen Mentalität – aus.

härra	**proua**	**preili**
Herr	Frau	Fräulein

Begrüßen & Verabschieden

Unabhängig von der Tageszeit kann man sich mit „Guten Tag!" begrüßen.

begrüßen

Tere!
Guten Tag!

Tere hommikust!
Guten Morgen!

Tere õhtust!
Guten Abend!

Head ööd!
Gute Nacht!

Tere tulemast!
guten-Tag kommen-für(6)
Willkommen!

Kuidas käsi käib?
wie Hand geht
Wie geht's?

Tänan, hästi.
(ich-)danke, gut(Adv)
Danke, gut.

Läheb kah.
geht auch
Nicht besonders.

verabschieden

Nägemiseni!
bis-zum-sehen(11)
Auf Wiedersehen!

Etwas lockerer klingt schon:

Head aega! *gute(3) Zeit(3)*	Tschüss! Auf Wiedersehen
Hüvasti!	Tschüss!
Homseni! *morgen-bis(11)*	Bis morgen!

Jumalaga.
Gott-mit(14)
Mit Gott.

Jumalaga! *sagt man in feierlichen (tränengeschwängerten ...) Situationen, die einen letztmaligen Abschied bedeuten können.*

Bitten, Danken, Wünschen

Bitte als Aufforderung („Bitte, tun Sie ...! heißt palun.

bitten

Palun rääkige aeglasemalt!
(ich-)bitte, sprecht(!) langsamer
Bitte sprechen Sie langsamer!

Palun öelge mulle ...!
(ich-)bitte, sagt(!) mir(7) ...
Bitte sagen Sie mir ...!

Für „Bitte" als Gewährung („Bitte, nehmen Sie ...!") sagt man ebenfalls palun.

Palun võtke veel natuke teed!
(ich-)bitte, nehmt(!) noch etwas Tee(3)
Bitte, nehmen Sie doch noch etwas Tee!

... kohvi, veini, leiba!
... Kaffee(3), Wein(3), Brot(3)
... Kaffee, Wein, Brot!

Palun istuge!
(ich-)bitte, sitzt(!)
Bitte setzen Sie sich!

Palun istu!
(ich-)bitte, sitz(!)
Bitte setz dich!

Wenn sich jemand bei Ihnen bedankt, antworten Sie:

Palun.
(ich-)bitte
Bitte.

Pole tänu väärt.
nicht-sein(St.) Dank(3) wert
Keine Ursache.

Kuidas, palun?
wie, (ich-)bitte
Wie bitte? (wenn man nicht verstanden hat)

danken

Im Allgemeinen kann man immer tänan! (danke!) sagen. Auch aitäh! ist gebräuchlich, spricht sich aber schwerer aus. Bekommt man etwas angeboten, dankt man mit:

Tänan.	**Tänan, ei.**	**Suur tänu.**
(ich-)danke	*(ich-)danke, nicht*	*großer Dank*
Ja, danke.	Nein, danke.	Vielen Dank.

Tänan sind. *(ich-)danke dir(3)*	Ich danke dir.
Tänan teid. *(ich-)danke euch(3)*	Ich danke euch.
Tänan Teid. *(ich-)danke Euch(3)*	Ich danke Ihnen.

Derjenige, bei dem man sich bedankt, steht im 3. Fall. Wofür man sich bedankt, steht im 3. Fall plus dem Verhältniswort eest *(für).*

Aitäh kohvi eest!	**Aitäh abi eest!**
danke Kaffee(2) für	*danke Hilfe(2) für*
Danke für den Kaffee!	Danke für die Hilfe!

wünschen

Kõike head!
Alles Gute!

Häid pühi!
gute(3) Feste(3)
Frohes Fest! (Ostern/Weihnachten)

Wünscht man etwas Spezielles, kann man das wie folgt ausdrücken. Was man wünscht, steht im 3. Fall:

Head uut aastat!
gutes(3) neues(3) Jahr(3)
Gutes Neues Jahr! (Neujahr)

Soovin sulle ...
(ich-)wünsche dir(7) ...
Ich wünsche dir ...

Soovin Teile ...
(ich-)wünsche Euch(7) ...
Ich wünschen Ihnen ...

palju õnne	*viel Glück(3)*	viel Glück
palju õnne sünnipäevaks	*viel Glück(3) Geburtstag(10)*	viel Glück zum Geburtstag
edu	*Erfolg(3)*	Erfolg
tervist	*Gesundheit(3)*	Gesundheit

entschuldigen

Palun vabandust!
(ich-)bitte Entschuldigung(3)
Ich bitte um Entschuldigung!

Vabandage!
entschuldigt(!)
Entschuldigen Sie! Entschuldigung!

Das erste Gespräch

Die häufigsten Fragen bei einer neuen Bekanntschaft drehen sich um Herkunft, Alter, Beruf und Kinder.

Kust Te pärit olete?
woher Ihr stammend seid
Woher kommen Sie?

Ma tulen ...
ich komme ...
Ich komme ...

Saksamaalt	*Deutschland(9)*	aus Deutschland
Šveitsist	*Schweiz(6)*	aus der Schweiz
Austriast	*Österreich(6)*	aus Österreich
Hollandist	*Holland(6)*	aus Holland
Berliinist	*Berlin(6)*	aus Berlin

Kas ma saan Teid aidata? **Tänan, meeleldi.**
ob ich kann Euch(3) helfen *(ich-)danke, gerne*
Kann ich Ihnen helfen? Danke, gerne.

Te räägite hästi eesti keelt.
Ihr sprecht gut(Adv) estnische(3) Sprache(3)
Sie sprechen gut Estnisch.

Natuke.
Ein wenig.

Kas Te räägite ...? *Ihr sprecht ...*	Sprechen Sie ...?
saksa keelt *deutsche Sprache(3)*	Deutsch
inglise keelt *englische Sprache(3)*	Englisch
prantsuse keelt *französische Sprache(3)*	Französisch
vene keelt *russische Sprache(3)*	Russisch

Kuidas Teie/sinu nimi on? **Mu nimi on ...**
wie Euer(2)/dein(2) Name ist *mein(2) Name ist*
Wie heißen Sie / heißt du? Ich heiße ...

Kuhu Te tahate minna?
wohin Ihr wollt gehen
Wo wollen Sie hingehen?

Ma lähen Tallinna.
ich gehe Tallinn-nach(4)
Ich fahre nach Tallinn.

Mida Te teete siin?
was(3) Ihr macht hier
Was machen Sie hier?

Ma olen puhkusel.
ich bin Urlaub-im(8)
Ich mache Urlaub.

Ma olen komandeeringus.
ich bin Dienstreise-in(5)
Ich bin auf Dienstreise.

Kui kauaks Te siia jääte?
wie lange Ihr hierher bleibt
Wie lange bleiben Sie?

Ma jään kaheks nädalaks.
ich bleibe zwei(10) Wochen(10)
Ich bleibe zwei Wochen.

Kas Te tahate tulla kohvi jooma?
ob Ihr wollt kommen Kaffee(3) trinken
Wollen Sie (mit mir) einen Kaffee trinken?

Miks mitte?
warum nicht
Warum nicht?

Jah. / Tänan, ei.
ja / (ich-)danke, nein
Ja. / Nein danke.

Kas Te tahate ...?	*ob Ihr wollt*	Wollen Sie ...?
... kaasa tulla	*mitkommen*	... mitkommen
... meile tulla	*zu-uns(7) kommen*	... zu uns kommen
... tantsima minna	*tanzen gehen*	... tanzen gehen
... õlut jooma minna	*Bier(3) trinken gehen*	... Bier trinken gehen

Kas tahate sööma / jalutama minna?
ob (Ihr-)wollt essen / spazieren gehen
Möchten Sie essen / spazieren gehen?

Kas Te olete abielus?
ob Ihr seid verheiratet
Sind Sie verheiratet?

Ei, ma olen kihlatud.
nein, ich bin verlobt
Nein, ich bin verlobt.

Kas Teil on lapsi?
ob Euch-bei(8) sind Kinder(3)
Haben Sie Kinder?

Mul on poeg / tütar.
mir-bei(8) ist Sohn / Tochter
Ich habe einen Sohn / eine Tochter.

Kui vana Te olete / sa oled?
wie alt Ihr seid / du bist
Wie alt sind Sie / bist du?

Ma olen kakskümmend kaheksa.
ich bin achtundzwanzig
Ich bin achtundzwanzig.

Mis tööd Te teete / sa teed?
was Arbeit-für(3) Ihr macht / du machst
Was arbeiten Sie / arbeitest du?

Bei der Angabe des Berufes unterscheidet man in der Regel nicht weibliche und männliche Bezeichnungen.

Ma olen ...	Ich bin ...
tööline	Arbeiter
arst	Arzt
talunik	Bauer
ametnik	Beamter, Angestellter
koduperenaine	Hausfrau
tõlk	Dolmetscher
insener	Ingenieur
ajakirjanik	Journalist
meditsiiniõde	Krankenschwester
õpetaja(nna)	Lehrer(in)
mänedzher	Manager
õpilane	Schüler
üliõpilane	Student
müüja(nna)	Verkäufer(in)
teadlane	Wissenschaftler

Kas saame jälle kokku?
ob (wir-)können wieder zusammen
Treffen wir uns wieder?

Millal me kokku saame?
wann wir zusammen (wir-)können
Wann sehen wir uns wieder?

Homme.
morgen
Morgen.

Teisipäeval.
Dienstag(8)
Am Dienstag.

Tuleval nädalal.
kommende-in(8) Woche-in(8)
Nächste Woche.

Floskeln & Redewendungen

Mit den folgenden Floskeln und Redwendungen kann man schon einen Großteil von Alltagsgesprächen meistern und Anerkennung ernten.

zustimmen / ablehnen

Jah.	Ja.
Hea küll! *gut schon*	Gut!
Päri!	Einverstanden!
Hea meelega! *gut(14) Sinn(14)*	Gerne!
Muidugi!	Natürlich! Klar!
Tore!	Prima!

Ei.	*nein*	Nein.
Palun mitte.	*(ich-)bitte nicht*	Bitte nicht.
Tänan, ei.	*(ich-)danke, nein*	Nein danke.
Ei taha.	*nicht (ich-)will*	Ich will nicht.
Kahjuks mitte.	*leider nicht*	Leider nicht.
Ma ei viitsi.	*ich nicht Lust-habe*	Ich habe keine Lust.

meinen, beurteilen

Oh, kui kena!
Ach, wie nett!

See on väga meeldiv.
Das ist sehr angenehm.

See on lihtsalt jube.
Das ist einfach schrecklich.

Minu meelest mitte.
mein(2) Sinn(6) nicht
Finde ich nicht.

Minu meelest on see lausa tobe.
mein(2) Sinn(6) ist dieses direkt doof
Das finde ich ganz doof.

Ma arvan teisiti.
ich glaube anders
Ich bin anderer Meinung.

Ei või olla!
nicht kann sein
Das kann nicht (wahr) sein!

Kas tõesti?
ob wirklich
Wirklich wahr?

Tõepoolest.
wirklich
Das ist wahr.

Eks ole?
nicht wahr
Nicht wahr?

On see võimalik?
ist dieses möglich
Ist das möglich?

Muidugi!
natürlich
Aber natürlich!

Võib olla.
kann sein
Kann sein.

Muidugi mitte!
Natürlich nicht!

Ilmselt mitte.
Anscheinend nicht.

Olete kindel?
(Ihr-)seid sicher
Sind Sie sicher?

Selge see!
klar dieses
Klar!

Ma arvan küll.
ich glaube wohl
Ich glaube schon.

Ma ei ole päris kindel.
ich nicht sein(St.) ganz sicher
Ich bin nicht ganz sicher.

Kas oleks võimalik ...?
ob (es-)wäre möglich ...
Wäre es möglich ...?

Teil on õigus.
Euch-bei(8) ist Recht
Sie haben Recht.

Teil / sul pole õigus.
Euch-bei(8) / dir-bei(8) nicht-sein(St.) Recht
Sie sind / du bist im Unrecht.

See pole tõsi.
dieses nicht-sein(St.) ernst
Das stimmt nicht.

Tõsi.
ernst
Stimmt.

allgemeine Floskeln

Mis on lahti?
was ist offen
Was ist los?

Ei midagi.
nicht etwas
Nichts.

Soo?
so
Ach so?

Nii see on.
so dieses (es-)ist
So ist das.

Pole parata.
nicht-sein(St.) verbessern
Nichts zu machen.

Mis siis?
was dann
Na und?

Miks ka mitte?
warum auch nicht
Warum auch nicht?

Üks hetk!
ein Moment
Einen Moment!

Kuule! / Vaata!
hör(!) / schau(!)
Hör mal! / Sieh mal!

Mis see minu asi on?
was diese meine(2) Sache ist
Was geht mich das an?

sich freuen / sich unwohl fühlen

Kas Sul on paha tuju?
ob dir-bei(8) ist schlechte Laune
Hast du schlechte Laune?

Olen omadega läbi.
(ich-)bin mit-den-meinen(14) durch
Ich bin kaputt.

Ma tunnen end halvasti.
ich fühle sich(3) schlecht
Es geht mir nicht gut.

Ma olen väga rõõmus.
ich bin sehr froh
Ich freue mich sehr.

Oli väga rõõmustav.
(es-)war sehr erfreuend
Das (es) hat mich sehr gefreut.

Oli väga meeldiv.
(es-)war sehr angenehm.
Es hat mir sehr gut gefallen.

Unterwegs

Um sich in einer Stadt zurechtzufinden, muss man nach dem Weg fragen können.

in der Stadt

In den nebenstehenden Satz kann man alle (sinnvollen) Wörter ungebeugt aus der Wörterliste im Anhang einsetzen.

Vabandage, kus asub ... ?
entschuldigt(!), wo ist ...
Entschuldigen Sie, wo ist ...?

puiestee	Allee
asutus	Amt
supelrand	Badestrand
raamatukogu	Bibliothek
büroo	Büro
mälestussammas	Denkmal
surnuaed	Friedhof
rahavahetuskoht	Geldwechselstelle

ülikool	Hochschule, Universität
kirik	Kirche
maantee	Landstraße
turg	Markt
muuseum	Museum
park	Park
raekoda	Rathaus
restoran	Restaurant
kool	Schule
linnamüür	Stadtmauer
tänav	Straße
torn	Turm
tee	Weg

Die anziehendsten Stadtteile von Tallinn, der Haupstadt Estlands, sind:

Toompea	Domberg (nur zu Fuß erreichbar)
vanalinn	Altstadt (Stadtkern)
Kadriorg	Katharinental (ausgedehnte Parkanlage mit Schloss, mit Tram erreichbar)
Pirita	St. Brigitten (Klosterruine und nahegelegener Badestrand, mit Bus erreichbar)

mit dem Bus

bussijaam	Busbahnhof
troll	O-Bus (Trolleybus)
kiirbuss	Schnellbus
bussipeatus	Bushaltestelle
buss	Bus
tramm	Tram (Straßenbahn)
ekspressbuss	Expressbus

Fahrkarten gibt es in speziellen Vorverkaufsstellen, am Busbahnhof oder – wenn noch Plätze frei sind – beim Busfahrer zu kaufen.

Der Bus ist das wichtigste öffentliche Verkehrsmittel. Die Busse – außer den Schnell- und Expressbussen – halten in jedem kleinen Dorf. Schnellbusse halten nur in größeren Orten, Expressbusse fahren ohne Zwischenhalt vom Ausgangs- zum Zielort.

Mis tramm läheb Kadriorgu?
was Tram geht Kadriorg-nach(4)
Welche Straßenbahn fährt nach Katharinental?

Trammid number üks ja kolm.
Straßenbahn Nummer 1 und 3.

Kust väljub Pirita buss?
woher(6) hinausgeht Pirita(2)Bus
Von wo fährt der Bus nach St. Brigitten?

Millisest peatusest buss väljub?
welcher-von(6) Haltestelle(6) Bus herauskommt
Von welchem Bussteig fährt der Bus?

Kas Te väljute?
ob Ihr herausgeht
Steigen Sie auch aus?

Palun öelge mulle, millal ma pean väljuma.
bitte sagt(!) mir(7), (ich-), wann ich muss hinausgehen
Können Sie mir Bescheid geben, wenn ich aussteigen muss?

Kust saab osta sõidupiletit?
woher(6) (er-)kann kaufen Fahrschein(3)
Wo gibt es Fahrscheine?

mit dem Zug

Es gibt Nahverkehrs- und Fernzüge. Fahrkarten gibt es am Schalter in den Bahnhöfen oder bei Nahverkehrszügen auch im Zug selbst. Eine Unterteilung in Raucher- und Nichtraucherabteile gibt es nicht; wer rauchen will, raucht außerhalb der Abteile.

Einige Eisenbahnlinien wurden wegen Fahrgastmangel eingestellt, z. B. die Verbindung nach Haapsalu. Auch wurden Bahnhöfe stillgelegt, z. B. Rakvere, Toila u. a.

linnalähirong	Nahverkehrszug
kiirrong	Schnellzug
perroon	Bahnsteig
peatus	Haltestelle
sõiduplaan	Fahrplan
sõidupilet	Fahrkarte
piletikassa	Fahrkartenschalter
piletite müük	Fahrkartenverkauf
pagas	Reisegepäck
pakihoid	Gepäckaufbewahrung
magamisvagun	Schlafwagen
restoranvagun	Speisewagen
informatsioon, teated	Information, Auskunft
ärasõit – saabumine	Abfahrt – Ankunft

Palun üks pilet Pärnusse.
(ich-)bitte eine Fahrkarte Pärnu-nach(4)
Bitte einmal nach Pärnu.

Edasi ja tagasi.
vor(wärts) und zurück
Hin und zurück.

Kuhu Te tahate sõita?
wohin Ihr wollt gehen
Wohin wollen Sie fahren?

Millal läheb rong Haapsallu?
wann geht Zug Haapsalu-nach(4)
Wann fährt ein Zug nach Haapsalu?

Kas ma pean ümber istuma?
ob ich muss um steigen
Muss ich umsteigen?

Millal jõuab rong Tartusse?
wann gelangt Zug Tartu-in(4)
Wann kommt der Zug in Tartu an?

Milliselt perroonilt rong väljub?
welchem-von(9) Bahnsteig(9) Zug herauskommt
Von welchem Bahnsteig fährt der Zug ab?

mit dem Taxi

Die Routen-Taxis sind etwas teurer als Busse, aber billiger als Taxis, und sie fahren die ganze Nacht hindurch.

Neben dem normalen Taxi gibt es noch das Linien- oder Routen-Taxi; das sind mit Nummern versehene Minibusse für ca. 10 Personen, die bestimmte Strecken abfahren, auf denen man überall ein- und aussteigen kann.

takso	Taxi
marsruuttakso	Routen-Taxi
taksopeatus	Taxihaltestelle

Kas olete vaba?
ob (Ihr-)seid frei
Sind Sie frei?

Kuhu?
wohin
Wohin?

Jaama, palun.
Bahnhof-zum(4), bitte
Zum Bahnhof bitte.

Palun peatage.
(ich-)bitte anhaltet(!)
Halten Sie bitte an!

Oodake siin.
wartet(!) hier
Warten Sie hier.

Kui palju see maksab?
wie viel dieses kostet
Wie viel kostet es?

mit dem Auto

Sicherheitsgurt und ganzjähriges Fahren mit Licht sind Pflicht! Auch gilt in Estland die Null-Promille-Regel! Autobahnen gibt es keine, und die Landstraßen sind in keinem besonders guten Zustand, so dass das Überholen gefährlich werden kann. An den Landstraßen gibt es genügend Tankstellen.

Wie auch in Deutschland kann man an Tankstellen außer Lebensmitteln auch Blumen und einige Haushaltswaren zu kaufen gibt. Die Tankstellen sind durchgehend geöffnet und bieten Dienstleistungen, wie z. B. Autowäsche und Reparaturen an. Getankt wird in Selbstbedienung.

linnaplaan	Stadtplan	**ümbersõit**	Umleitung
kaart	Karte	**parkla**	Parkplatz
valgusfoor	Ampel	**sõitma**	fahren
ristmik	Kreuzung	**edasi**	weiter
tänav	Straße	**tagasi**	zurück
sõidutee	Fahrbahn	**vasakule**	nach links
kõnnitee	Bürgersteig	**paremale**	nach rechts
maantee	Landstraße	**otse**	geradeaus

Kuidas ma saan Tartusse?
wie ich kann Tartu-nach(4)
Wie komme ich nach Tartu?

Kui kaugel see on?
wie weit dieses ist
Wie weit ist es (noch)?

Palun näidake mulle seda kaardil.
(ich-)bitte zeigt(!) mir dieses(3) Karte-auf(8)
Zeigen Sie es mir bitte auf der Karte.

Kõigepealt pöörake vasakule, siis paremale ja siis sõitke otse edasi.
zuerst dreht(!) links-nach(7), dann rechts-nach(7), und dann fahrt(!) geradeaus weiter
Fahren Sie zuerst nach links, dann nach rechts, dann geradeaus.

Valgusfoori juures pöörake paremale.
Ampel(2) bei dreht(!) rechts-nach(7)
An der Ampel biegen Sie rechts ab.

Pöörake ümber!
dreht(!) um
Wenden Sie!

Sõitke edasi!
fahrt(!) weiter
Fahren Sie weiter!

Sõitke tagasi!
fahrt(!) zurück
Fahren Sie zurück!

Hinweisschilder

Kuri koer!	Bissiger Hund!
Stopp!	Stopp!
Sissepääs keelatud!	Eintritt verboten!
Väljasõit keelatud!	Ausfahrt verboten!
Parkimine keelatud!	Parken verboten!
Ettevaatust!	Vorsicht!
Mürk!	Gift!
Kasutamiskõlbmatu!	Ungenießbar!
... ei tööta!	... ist außer Betrieb
lõuna	Mittagspause
hädapidur	Notbremse
eluohtlik!	Lebensgefahr!
Mitte puudutada!	Nicht berühren!

Tanken / Panne

Kus on lähim bensiinijaam?
wo ist nächster Benzinbahnhof
Wo ist die nächste Tankstelle?

Kus on lähim autoteendindus?
wo ist nächste Autowerkstatt
Wo ist die nächste Werkstatt?

Auto on katki.
Auto ist kaputt
Das Auto ist kaputt.

Miski on korrast ära.
irgendetwas ist Ordnung-aus(6) weg
Etwas ist nicht in Ordnung.

Vaadake palun, mis autol viga on.
seht(!), (ich-)bitte, was Auto-am(8) Fehler ist
Schauen Sie bitte nach, wo (am Auto) der Fehler liegt.

Tagumise ratta kumm on katki.
hinteren(2) Rades(2) Gummi ist kaputt
Der Hinterreifen ist kaputt.

Aku on läbi.
Akkumulator ist durch
Die Batterie ist kaputt.

Palun võtke mind sleppi.
(ich-)bitte nehmt(!) mich(3) Schlepp-in(4)
Bitte schleppen Sie mich ab.

Kui palju ma võlgnen?
wie viel ich schulde
Was bin ich Ihnen schuldig?

Millal ma võin autole järele tulla?
wann ich kann Auto(7) nach kommen
Wann ist das Auto wieder fertig?

mit dem Schiff

Außer nach Hiiumaa und Saaremaa gibt es Verbindungen nach Aegna, Abruka, Vormsi, Kihnu und zu anderen kleinen Inseln, zu denen man Vergnügungsfahrten buchen kann.

Schiffsfahrkarten bekommt man in der Stadt an den Kassen der Schiffslinien und am Hafen. Schiffe fahren im Linienverkehr nach Helsinki (mehrmals täglich, auch mit Schnellbooten), Stockholm und Rostock.

kai	Anlegeplatz
tekk	Deck
tekikoht	Deckplatz
sadam	Hafen
kajut	Kabine
kruiis	Kreuzfahrt (von engl. „cruise“)
majakas	Leuchtturm
päästerõngas	Rettungsring
päästevest	Schwimmweste

Millal läheb laev Helsingisse?
wann geht Schiff Helsinki-nach(4)
Wann fährt ein Schiff nach Helsinki?

Ma tahaksin laevaga sõita.
ich würde-wollen Schiff-mit(14) fahren
Ich möchte mit dem Schiff fahren.

Kui kaua see sõit kestab?
wie lange diese Fahrt dauert
Wie lange dauert die Fahrt?

Kust väljub Kieli laev ?
woher(6) hinausgeht Kiel(2) Schiff
Von wo legt das Schiff nach Kiel ab?

Palun reserveerige mulle kajut.
(ich-)bitte reserviert(!) Ihr mir(7) Kabine
Reservieren Sie mir bitte eine Kabine.

mit dem Flugzeug

Auf dem Tallinner Flughafen gelten natürlich die üblichen internationalen Bezeichnungen und Symbole. Das Personal ist mehrsprachig. Am weitesten kommt man hier mit Englisch.

Es gibt Inlandsflüge zu den größeren Inseln Saaremaa und Hiiumaa und auch Direktflüge ins Ausland, u. a. nach Hamburg, Frankfurt, Wien, Amsterdam.

Kust väljub lennujaama buss?
woher(6) hinausgeht Flughafen(2) Bus
Von wo fährt der Bus zum Flughafen ab?

Helsinki lennuk väljub kell ...
Helsinki(2) Flugzeug hinausgeht Uhr ...
Das Flugzeug nach Helsinki startet um ... Uhr. (Durchsage)

On alanud registreerimine lennule number kaks Tallinn-Stockholm.
ist begonnen Registrieren Flug-für(7) Nummer zwei Tallinn-Stockholm
Der Check-in für den Flug Nr. 2 Tallinn-Stockholm hat begonnen.

Übernachten

In jeder Stadt gibt es Hotels aller Preiskategorien. In den großen Hotels in Tallinn ist das Personal mehrsprachig. Private Vermieter offerieren "Bed & Breakfast". Viele kleine Gasthöfe bieten "Urlaub auf dem Lande" verbunden mit Freizeitaktivitäten an. Eine private Unterkunft ist die beste Möglichkeit, Land & Leute kennen zu lernen.

Hotel (hotell)

toavõti	Zimmerschlüssel
esimene korrus	erste Etage (= Erdgeschoss)
teine korrus	zweite Etage
lift	Lift
dušš	Dusche
vannituba	Bad

Kus ma saan ööbida?
wo ich kann übernachten
Wo kann ich übernachten?

Kas Teil on vaba tuba?
ob bei-Euch(8) sind frei(3) Zimmer(3)
Haben Sie ein freies Zimmer?

Kas on ka teisi võimalusi?
ob sind auch andere(3) Möglichkeiten(3)
Gibt es noch andere (Übernachtungs-) Möglichkeiten?

Kui palju maksab üks ööpäev?
wie viel kostet ein Nachttag
Wie viel kostet eine Übernachtung?

Üks tuba kahele, palun.
Ein Zimmer zwei-für(7), (ich-)bitte
Ein Zweibettzimmer, bitte.

Kui kauaks Te jääte?
wie lange Ihr bleibt
Wie lange werden Sie bleiben?

Ma jään kaheks ööpäevaks / üheks nädalaks.
Ich bleibe zwei(10) Nachttage(10) / eine(10) Woche(10)
Ich bleibe zwei Tage / eine Woche.

Mul on veel ... (+ 3.) **vaja**
mir ist noch ... nötig
Ich brauche noch ...

patja	Kissen
tekki	Decke
käterätikut	Handtücher
tualettpaberit	Toilettenpapier
raadiot	Radio
televiisorit	Fernseher

Camping (kämping)

Camping und Motels sind die preiswertesten Unterkunftsmöglichkeiten und es gibt sie überall. Camping bedeutet auch das Mieten von kleinen Blockhütten. Auf dem Land findet man immer mehr Bauernhöfe, die Zimmer- und Ferienwohnungen vermieten; eine willkommene Einnahmequelle für die Bauern, um den Rückgang der Landwirtschaftseinnahmen zu kompensieren. In der Regel kann man sein Zelt überall in der freien Natur aufschlagen, außer wenn folgende Schilder angebracht sind:

privaat	Privatgrundstück
telkimine keelatud	Zelten verboten

Man sollte sich vor allem nach der Waldbrandwarnung erkundigen. Tuleohtlik! (Feuergefährlich!) weist darauf hin, dass das Gebiet waldbrandgefährdet ist.

Kas siin tohib nädal aega telkida?
ob hier (man-)kann Woche Zeit zelten
Kann man hier eine Woche zelten?

Kas kämpinguplats on valvega?
ob Campingplatz ist Wache-mit(14)
Ist der Zeltplatz bewacht?

Kas seal pesta saab?
ob dort waschen (man-)kann
Kann man sich dort waschen?

Sooja vett ei ole.
warmes(3) Wasser(3) nicht sein(St.)
Es gibt kein warmes Wasser.

Zu Gast sein

Wenn man privat eingeladen ist, sollte man unbedingt eine kleine Aufmerksamkeit, am besten Blumen, Wein oder Pralinen mitbringen. Die Esten lieben Blumen sehr. Kornblumen sind die „Nationalblumen", und es ist eine besonders nette Geste, sie zu verschenken. Kinder freuen sich – wie überall – über Süßigkeiten.

Man zieht in privaten Räumen praktisch immer die Schuhe aus. Auch wenn vermietete Gästezimmer mit im Haus des Vermieters liegen, kann es passieren, dass man aufgefordert wird dafür bereitstehende Schlappen zu tragen.

Kas Te tuleksite meile külla?
ob Ihr würdet-kommen uns-zu(7) Besuch
Würden Sie uns besuchen?

Meelsasti.
gerne
Gerne.

Kas ma tohin Teile tulla?
ob ich darf Euch-zu(7) kommen
Darf ich Sie besuchen?

Viele in der Stadt lebende estnische Familien haben ein Sommerhaus (suvila) entweder am Meer (mere ääres) oder irgendwo auf dem Lande (maal). Das ist eine gute Ausweichmöglichkeit, wenn man jemanden privat besucht.

Kas Te jääte ööseks meile?
ob Ihr bleibt Nacht-zur(10) uns-bei(7)
Bleiben Sie über Nacht bei uns?

Jah, kui tohib.
Ja, wenn (man-)darf
Ja, wenn ich darf.

Auf dem Lande

Gerät man unterwegs in eine Notsituation, kann man auch den nächstgelegenen Bauernhof (talu) aufsuchen und um ein Nachtquartier oder um Hilfe bitten. Man wird in solchen Fällen nicht abgewiesen. Zum Dank sollte man Bezahlung anbieten.

perenaine	Bäuerin	**tall**	Pferdestall
peremees	Bauer	**reha**	Rechen
puud	Bäume	**regi**	Schlitten
peenar	Beet	**kuur**	Schuppen
lilled	Blumen	**ait**	Speicher
kaev	Brunnen	**laut**	Stall
ämber, pang	Eimer	**põõsad**	Sträucher
hang	Heugabel	**väljakäik**	Toilette
käru	Karren	**vanker**	Wagen

Kas ma tohin Teie juures ööbida?
ob ich darf Euch(2) bei übernachten
Darf ich bei Ihnen übernachten?

Te võite siin magada.
Ihr könnt hier schlafen
Sie können hier schlafen.

kukk	Hahn	**lehm**	Kuh
kana	Huhn	**hobune**	Pferd
koer	Hund	**lammas**	Schaf
rebane	Fuchs	**siga**	Schwein
kass	Katze	**kits**	Ziege

Sauna

Die Saunatradition ist ursprünglich von Estland nach Finnland gekommen. Sie genießt einen hohen Stellenwert. Hotels und öffentliche Bäder, auch die komfortableren Campingplätze haben meistens eine Sauna. Ein Bauernhof ohne Sauna ist undenkbar. Ideal ist eine am Wasser gelegene Sauna, nach der man das natürliche kühle Nass genießen kann. Im Winter kühlt man sich im Schnee ab. Die Sauna wird nicht immer nach Frauen und Männern getrennt. Wenn man in die Sauna geht, wünscht man sich Hüva leili! (Guten Aufguss!).

Ursprünglich diente die Sauna der Körperreinigung; heutzutage kommt noch der Aspekt der „Gemütlichkeit“ und Entspannung hinzu.

saunalava	(Sitz-)Bänke in der Sauna
käterätik	Handtuch
saunalina	Badetuch für die Sauna
kapp	Wassergefäß
leil	Aufguss
leili viskama	einen Aufguss machen
vihtlema	sich mit Bündeln aus Birkenruten schlagen
soe vesi	warmes Wasser
külm vesi	kaltes Wasser

Einkaufen

Viele Geschäfte sind werktags von 10.00 bis 19.00 Uhr, Samstags von 11.00 bis 18 Uhr und Sonntags bis 17.00 Uhr geöffnet.

Die großen Einkaufszentren sind meist bis 22.00 Uhr geöffnet.

Supermärkte sind von 10.00 bis 21.00 Uhr, am Wochenende von 10.00 bis 20.00 Uhr geöffnet.

Auf dem Lande gelten oft andere Öffnungszeiten.

In Tallinn und anderen größeren Städten sind in den letzten Jahren große Malls sowie kleinere, elegante und teure Kaufhäuser entstanden. Auch gibt es kleine Fachgeschäfte und Boutiquen, die zu einem Bummel einladen, sowie moderne Kunsthandlungen, in denen Originale angeboten werden. Auf dem Land sterben die Kramläden langsam aus, Ersatz bieten Warenautos (lavka), die ein- bzw. mehrmals wöchentlich ihre ihre Routen fahren.

im Kaufhaus / im Geschäft

Mida Te soovite?
was(3) Ihr wünscht
Was wünschen Sie?

Kui palju see maksab?
wie viel dieses kostet
Wie viel kostet das?

See on liiga kallis.
dieses ist allzu teuer
Das ist zu teuer.

Kas midagi muud ei ole?
ob etw. anderes(3) nicht sein(St.)
Gibt es nichts anderes?

Kas Teil on väiksemat / suuremat numbrit?
ob Euch-bei(7) ist kleinere(3) / größere(3) Nummer(3)
Haben Sie eine kleinere / größere Größe?

Kus ma saan seda selga proovida?
wo ich kann dieses(3) Rücken-auf(4) probieren
Wo kann ich das anprobieren?

Kas see on kõik?
ob dieses ist alles
Ist das alles?

Tänan, see on kõik.
danke, dieses ist alles
Danke, das ist alles.

Palun nendest kolm (tükki).
ich bitte diesen-von(6) drei (Stück(3))
Bitte drei (Stück) hiervon.

Palun pakkige see ära.
(ich-)bitte packt(!) dieses weg
Bitte packen Sie es ein.

Abteilungen im Kaufhaus bzw. Geschäftsbezeichnungen:

... osakond	...-Abteilung
meeste ...	Herren-...
naiste ...	Damen-...
laste ...	Kinder-...
leib, sai	Bäckerei
rõivad	Bekleidung
lilled	Blumen
lillekauplus	Blumengeschäft
raamatud	Bücher
parfümeeria	Drogerie
elektritarbed	Elektrowaren
liha, vorst	Fleisch, Wurst
käsitöö	Handarbeiten (Kunstgew.)
majapidamistarbed	Haushaltswaren
kondiitritooted	Konditoreiwaren
pudukaubad, galanterii	Kurzwaren
toidukaubad	Lebensmittel
portselan	Porzellan
heliplaadid	Schallplatten
ehted	Schmuck

Es lohnt sich, estnische Souvenirgeschäfte aufzusuchen. Estnische Souvenirs sind meist in Handarbeit gefertigte Gegenstände von hohem künstlerischen und Gebrauchswert, wie Leinen-Artikel, aber auch Lederarbeiten (Geldbörsen, Brieftaschen, Buchhüllen), Holzarbeiten sowie kunstvoll handgestrickte Pullover, Jacken, Socken u. a. aus reiner Schafwolle.

kirjatarbed	Schreibwaren
jalatsid	Schuhe
suveniirid, meened	Souvenirs
sporditarbed	Sportwaren
kangad	Stoffe
kellad	Uhren
pesu	Wäsche
tööriistad	Werkzeuge
ajalehed – ajakirjad	Zeitungen – Zeitschriften

auf dem Markt

Auf dem Markt (turg) gibt es meist feste Preise, gehandelt wird kaum noch. Die Märkte beginnen täglich gegen 7 Uhr und enden gegen 19 Uhr, eigentlich so lange es hell ist und es Käufer gibt. Obst und Gemüse wird nach Kilo bzw. Gramm verkauft, frische Beeren jedoch gläser- oder literweise.

Palun kaks kilo kartuleid.
(ich-)bitte zwei Kilo Kartoffeln(3)
Bitte zwei Kilo Kartoffeln.

Ja lisaks üks klaas vaarikaid.
und zusätzlich ein Glas Himbeeren(3)
Und dann noch ein Glas Himbeeren.

Üks kilo seeni ja üks kimp peterselli.
ein Kilo Pilze(3) und ein Bund Petersilie(3)
Ein Kilo Pilze und ein Bund Petersilie.

Kes on järgmine?
wer ist nächster
Wer ist der Nächste?

Mida Te soovite?
was(3) Ihr wünscht
Was darf's sein?

Mida veel?
was(3) noch
Was noch?

Ei midagi, tänan.
nicht etwas, (ich-)danke
Danke, nichts.

See teeb kokku kaksteist krooni.
dieses macht zusammen zwölf Kronen
Das macht zwölf Kronen.

Kust saab pruugitud asju osta?
von wo(6) (man-)kann gebrauchte(3) Sachen(3) kaufen
Wo kann man gebrauchte Sachen kaufen?

handeln

See on liiga kallis.
dieses ist zu teuer
Das ist zu teuer.

Näidake seda.
zeigt(!) dieses(3)
Zeigen Sie das hier.

Ma maksan selle eest kaks krooni.
ich bezahle dieses(2) für zwei Kronen(3)
Ich zahle dafür 2 Kronen.

Kas Te odavamalt ei müü?
ob Ihr billiger nicht verkaufen
Verkaufen Sie nicht billiger?

Võtan selle, aga natuke odavamalt.
(ich-)nehme das(2), aber etwas billiger
Ich nehme das, aber billiger.

Auf einem Flohmarkt (täika) *kann man „fast alles" finden, sogar gebrauchte Autos, und sie sind vielleicht noch eine Spur pfiffiger als die normalen Märkte. Hier ist das Handeln natürlich üblich.*

in der Kaufhalle

Im Tallinner Zentrum gibt es nur eine "Kaufhalle". Doch in den Neubaugebieten und an der Peripherie sind sie recht verbreitet und dort gibt es viele sogenannte „Gewürzgeschäfte" (vürtspood). Die Kaufhallen sind täglich, auch samstags und sonntags, von 9 bis 21 Uhr geöffnet. Das Angebot ist vielfältig und gut.

Milchprodukte & Eier (piimatooted ja munad)

piim	Milch	**kohvikoor**	Kaffeesahne
keefir	Kefir	**hapukoor**	saure Sahne
hapupiim	Dickmilch	**vahukoor**	Schlagsahne
saure Milch		**kohupiim**	Quark
pett	Buttermilch	**kohuke**	Quarkrolle mit
või	Butter		Schoko-Glasur
rõõsk koor	süße Sahne	**juust**	Käse
munad	Eier	**jäätis**	Eis

Gemüse und Obst (puuvili ja juurvili)

õunad	Äpfel	**porgandid**	Mohrrüben
pirnid	Birnen	**ploomid**	Pflaumen
mustikad	Blaubeeren	**pohlad**	Preiselbeeren
lillkapsas	Blumenkohl	**redised**	Radieschen
maasikad	Erdbeeren	**peet**	rote Bete
kurgid	Gurken	**kaalikad**	Rüben
vaarikad	Himbeeren	**salat**	Salat
kartulid	Kartoffeln	**tomatid**	Tomaten
küüslauk	Knoblauch	**sidrunid**	Zitronen
kapsas	Kohl	**sibulad**	Zwiebeln

Fleisch & Wurst (liha ja vorst)

liha – loomaliha	Fleisch – Rindfleisch
sealiha	Schweinefleisch
lambaliha	Hammelfleisch
kanaliha	Hühnerfleisch

hakkliha	Gehacktes
vorst – sink	Wurst – Schinken
viinerid	Wiener Würstchen

Fisch (kala)

ahven	Barsch	**lõhe**	Lachs
lest	Flunder	**makrell**	Makrele
forell	Forelle	**kilu**	Sprotte „Kilu“
haug	Hecht	**räim**	Strömling
heeringas	Hering	**koha**	Zander
tursk	Kabeljau		

Getreide (teravili)

makaronid	Makkaroni	**nuudlid**	Nudeln
jahu	Mehl	**riis**	Reis

Brot & Kuchen (leib ja koogid)

saiakesed	Brötchen	**pirukas**	Pirogge
vormileib	Kastenbrot	**rukkileib**	Roggenbrot
küpsised	Kekse	**tort**	Torte
kook	Kuchen	**teraleib**	Vollkornbrot
sepik	Mischbrot	**sai**	Weißbrot

Kräuter & Gewürze (rohud ja vürtsid)

till	Dill	**rosmariin**	Rosmarin
köömen	Kümmel	**sool**	Salz
majoraan	Majoran	**murulauk**	Schnittlauch
petersell	Petersilie	**sinep**	Senf
valge pipar	weißer Pfeffer	**tüümian**	Thymian
must pipar	schw. Pfeffer	**suhkur**	Zucker

Essen & Trinken

Restaurants sind in der Regel von 12-14 Uhr oder aber von 15 Uhr bis Mitternacht geöffnet, machen allerdings zwischen 17 und 19 Uhr Pause. Bis 16 Uhr kann man preiswerter essen als am Abend. Im Restaurant bekommt man oft vom administraator (Platzanweiser) einen Platz zugewiesen. In Cafés kann man auch essen. Sie machen meist schon um 8 Uhr morgens auf; bis 11 Uhr bekommt man dort ein Frühstück.

im Restaurant / Café

restoran	Restaurant
söökla, bistroo	Selbstbedienungsgaststätte
õllesaal	Bierstube
kohvik	Café
baar	Bar

Die söökla *hat weniger im Angebot, ist aber dennoch gut und preiswert. Dort bekommt man allerdings keinen Alkohol.*

Geht man in ein Café, ein Restaurant oder eine Bar, ist, im Gegensatz zu früheren Zeiten, eine bestimmte Kleiderordnung nicht mehr vorgeschrieben. Jetzt bestimmt modische oder legere Kleidung das Erscheinungsbild der meisten Besucher. Festliche Kleidung trägt man den Anlässen entsprechend.

Kas Teil on kohti?
ob Euch-bei(8) sind Plätze(3)
Haben Sie freie Plätze?

Vabu kohti ei ole.
freie(3) Plätze(3) nicht sein(St.)
Es gibt keine freien Plätze.

Meid on kolm.
wir(3) sind drei
Wir sind zu dritt.

Kas saame siin lõunat süüa?
ob (wir-)können hier Mittag(3) essen
Können wir hier Mittag essen?

Kas siin on vaba?
ob hier ist frei
Ist hier frei?

Ei, see koht on kinni.
nein, dieser Platz ist zu
Nein, der Platz ist besetzt.

Mida Te täna pakute?
was(3) Ihr heute anbietet
Was empfehlen Sie heute?

Palun andke mulle söögikaart / menüü.
(ich-)bitte gebt(!) mir-zu(7) Speisekarte / Menü
Bitte geben Sie mir die Speisekarte / das Menü.

Palun kaks seljankat.
(ich-)bitte zwei Soljanka(3)
Bitte zwei Soljanka-Suppen.

Palun veel kord sedasama.
(ich-)bitte nochmal dasselbe(3)
Bitte noch einmal das Gleiche.

Nachdem man gezahlt hat, lässt man üblicherweise ein kleines Trinkgeld (etwa 10%) auf dem Tisch zurück.

Kuidas maitses?
wie (es-)schmeckte
Hat es geschmeckt?

Tänan, oli väga maitsev.
danke, (es-)war sehr schmackhaft
Danke, es hat sehr gut geschmeckt.

Palun arvet.
(ich-)bitte Rechnung(3)
Bitte die Rechnung.

privat / in der Familie

hommikusöök	Frühstück
lõunasöök	Mittagessen
õhtusöök	Abendbrot

Man frühstückt kräftig, meist gibt es Brot, Butter, Käse, Wurst, Marmelade, Kaffee und zusätzlich einen Brei (puder) bzw. Haferbrei (kaerapuder).

Mittag wird in der Mittagspause oder erst nach Dienstschluss gegessen. Zum warmen Essen wird Brot gereicht und ein alkoholfreies Getränk z. B. Kefir. Tagsüber hält man sich mit einigen Tassen Kaffee „am Leben“. Die Esten sind große Kaffeetrinker.

Durch das mitunter späte warme Mittagessen fällt das Abendbrot leichter aus, einige belegte Brote, Tee. Auch wird relativ spät, erst gegen 21 oder 22 Uhr, gegessen.

Tulge sööma!
kommt(!) essen
Kommt essen!

Head isu!
guter(3) Appetit(3)
Guten Appetit!

Kuidas maitseb?
wie (es-)schmeckt
Wie schmeckt es?

väga hästi maitseb.
sehr gut (es-)schmeckt
Es schmeckt sehr gut.

Palun võta / võtke veel!
(ich-) bitte nimm(!) / nehmt(!) noch
Bitte nimm / nehmen Sie noch!

Tänan, mu kõht on täis.
(ich-)danke, mein Bauch ist voll
Danke, ich bin satt.

Aitäh söögi eest!
danke Essen(2) für
Danke für das Essen!

Mida Te tahate / sa tahad juua?
was(3) Ihr wollt / du willst trinken
Was wollen Sie / willst du trinken?

estnische Spezialitäten

Die estnische Küche ist einfach und deftig. In den Restaurants wird allerdings nichts typisch Estnisches angeboten. Die nachstehenden Gerichte kann man eigentlich nur privat bei Freunden und Bekannten essen – wenn man sie sich wünscht, denn Gäste werden meist nicht mit der „Alltagskost“ bewirtet.

Kamajahu *rührt man mit Zucker in saure Milch ein. Das schmeckt erfrischend und ist nahrhaft.*

kamajahu	Mehl aus geröstetem Getreide und gerösteten Hülsenfrüchten
kissell	Fruchtsuppe, ähnlich Kaltschale, kann aber auch warm gegessen werden
korp	süße Quarkpiroggen aus Hefeteig
mulgi kapsad	Sauerkohl mit Graupen
pirukad	Piroggen (Hefeteigtaschen mit beliebiger Füllung, z. B. Hackfleisch, Kohl, Süßes usw.)
puljong	Bouillon
seapraad	Schweinebraten
soolasilk	gesalzener Strömling
soolatud sealiha	gesalzenes Schweinefleisch
sült	Sülze

Gesalzenes (gepökeltes) Schweinefleisch isst man mit Kartoffeln, ganzen gekochten Möhren, Rüben oder Kohl. Piroggen mit den verschiedensten herzhaften Füllungen werden zu Bouillon gegessen. Der Festtagsbraten ist der Schweinebraten.

trinken

Getränk Nr. 1 ist der Kaffee, den man zu allen Tages- und Jahreszeiten trinkt. „Kännchen" sind in Estland unbekannt. Kaffee wird in Tassen ausgeschenkt. Tee wird auch gern getrunken, ist aber nicht so verbreitet. Zum Durstlöschen ist der morss beliebt, ein Saft aus egal welchen Früchten. Auch wird Mineralwasser, wie auch die verschiedenen Limonaden (Pepsi, Fanta usw.), getrunken. Bier und andere alkoholische Getränke werden eher bei Feierlichkeiten bzw. bei Gästebewirtung angeboten.

Eine typisch estnische Limonade ist Kali. *Eine der größten Marken,* Linnuse kali, *wurde von Coca Cola aufgekauft. Zudem gibt es noch* Limonaad *aus alten Sowjetzeiten.*

Kas ma tohin Teile tassi kohvi pakkuda?
ob ich darf Euch(7) Tasse(2) Kaffee(3) anbieten
Darf ich Ihnen eine Tasse Kaffe anbieten?

Jah, tänan väga.
ja, (ich-)danke sehr
Ja, vielen Dank.

Kas Te soovite veel kohvi?
ob Ihr wünscht noch Kaffee(3)
Möchten Sie noch (eine Tasse) Kaffee?

Kas Te soovite koort ja suhkrut?
ob Ihr wünscht Sahne(3) und Zucker(3)
Nehmen Sie Sahne und Zucker?

Ei, ma joon musta kohvi.
nein, ich trinke schwarzen(3) Kaffee(3)
Nein, ich trinke schwarzen Kaffee.

kohv	Kaffee
tee	schwarzer Tee
maarohutee	Kräutertee
(kohvi)koor	(Kaffee)Sahne
suhkur	Zucker
tass	Tasse
klaas	Glas
pits	kleines Schnapsglas

Kostenlos in Gaststätten erhält man jäävesi *(Eiswasser).*

kann	Kanne
lusikas	Löffel
morss, mahl	Fruchtsaft
mineraalvesi	Mineralwasser
jäävesi	Eiswasser ohne Kohlensäure
limonaad	Limonade
õlu – vein	Bier – Wein

alkoholische Spezialitäten

Außer diesen Schnäpsen gibt es noch den hausgemachten Wein (koduvein) *und das selbstgebraute Bier* (koduõlu).

„Vana Tallinn“	Kräuterlikör, süß
„Kännu kukk“	roter, herber Kümmellikör
„Viru valge“	Klarer, normal
„Valge kange“	Klarer, sehr stark

Terviseks! Proosit!
Gesundheit-zur(10) Prosit
Zum Wohl! Prosit!

Kas võtame veel ühe pitsi?
ob (wir-)nehmen noch ein Schnapsglas(2)
Nehmen wir noch einen?

Jah, aga las ma maksan.
ja, aber lass(!) ich bezahle
Ja, aber ich zahle.

Ma olen natuke vintis.
ich bin bisschen beschwipst
Ich bin ein wenig beschwipst.

Ma olen päris täis.
ich bin ganz voll
Ich bin voll.

Bank, Post, Behörden

Die Währung Estlands ist seit dem 20. Juni 1992 die Estnische Krone. Münzen werden Sent genannt (1EEK = 100 Sent). Bargeld kann man bei jeder Bank, sowie in zahlreichen Wechselstuben in der Innenstadt, in den großen Hotels, am Flughafen, am Hafen und am Busbahnhof tauschen. An den vielen Geldautomaten reicht die EC-Karte.

Die Währung ist gesetzlich an den Euro gebunden: Kurs: 1:15,65

Die gängigsten Kreditkarten werden in den meisten Hotels, Geschäften und Restaurants akzeptiert. Banken verlangen bei einer Barauszahlung einen Ausweis oder Pass.

Bank (pank)

Banken sind Mo - Fr von 9.00 bis 16.00 Uhr, Wechselstuben von 9.00 bis 18.00 Uhr, Sa auch von 9.00 bis 15.00 Uhr, geöffnet.

Ma tahaksin raha vahetada.
ich würde-wollen Geld(3) tauschen
Ich möchte Geld umtauschen.

Mis kurss praegu kehtib?
was Kurs jetzt gilt
Wie ist der Umtauschkurs?

Kas Te saate raha vahetada?
ob Ihr könnt Geld(3) wechseln
Können Sie Geld wechseln?

Kus siin on pangaautomat?
Wo hier ist Geldautomat
Wo ist hier ein Geldautomat?

Kas ma saan krediitkaardiga maksta?
ob ich kann Kreditkarte-mit(14) bezahlen
Kann ich mit Kreditkarte bezahlen?

euro	Euro
Šveitsi frank	Schweizer Franken
krediitkaart	Kreditkarte
pangakaart	Scheckkarte
aktsepteerima	akzeptieren
pangaautomaat	Geldautomat

Post (postkontor)

Die Postämter sind werktags von 9.00 bis 18.00 Uhr, sonnabends von 9.30 bis 15.00 Uhr, geöffnet. Die Hauptpost in Tallinn ist Mo-Sa von 8.00 bis 19.00 Uhr und sonntags von 9.00 bis 13.00 Uhr geöffnet.

Postkontor on avatud / suletud.
Post ist geöffnet / geschlossen
Die Post ist geöffnet / geschlossen.

Kust saab osta kirjamarke?
von-wo(6) (man-)kann kaufen Briefmarken(3)
Wo kann man Briefmarken kaufen?

Kui palju maksab kaart / kiri Saksamaale / Šveitsi?
wie viel kostet Karte / Brief Deutschland-nach(7) / Schweiz-nach(4)
Wie viel kostet eine Karte / ein Brief nach Deutschland / in die Schweiz?

Telefon & Internet

Für alle öffentlichen Telefone benötigt man Telefonkarten, die man zum Preis von 30, 50 und 100 Kronen an Kiosken, in größeren Geschäften und bei Tankstellen kaufen kann.

Mis on Austria suunakood?
was ist Österreich(2) Vorwahl
Wie lautet die Vorwahl nach Österreich?

Kui palju maksab üks kõneminut Saksamaale?
wie viel kostet eine Gesprächsminute Deutschland-nach(7)
Wie viel kostet eine (Gesprächs-)Minute nach Deutschland?

Sooviksin osta viiekümnekroonise telefonikaardi.
(ich-) möchte kaufen 50-Krone(2) Telefonkarte(2)
Ich möchte eine Telefonkarte für 50 Kronen kaufen.

Kus asub lähim telefoniautomaat?
wo befindet-sich nächstes Kartentelefonelefon
Wo ist die nächste Telefonzelle?

telefonikaart	Telefonkarte
telefoniautomaat, taksofon	Telefonzelle
helistama	telefonieren
kõne	Gespräch
telefoninumber	Telefonnummer
telefoniraamat	Telefonbuch
suunakood	Vorwahlnummer
teated	Auskunft
ühendus	Verbindung

Estland ist flächendeckend mit digitalen Mobilfunknetzen versorgt. 89 Prozent der Bevölkerung sind Mobilfunkkunden. *(GSM 900 und Dualband GSM 900/1800)*

Es bestehen Roaming-Abkommen mit vielen europäischen Mobilfunkbetreibern. Ihr Betreiber gibt Ihnen Auskunft. Billiger ist oft der Kauf einer Prepaid-Karte vor Ort. Karten mit einer (eigenen) neuen Telefonnummer gibt es ab 20 Euro.

Sooviksin osta kõnekaardi oma mobiiltelefonete.
(ich-)möchte kaufen PPK(2) eigen(es) Mobiltelefon(7)
Ich möchte eine Prepaid-Karte für mein Mobiltelefon kaufen.

Das Internet wird von einem großen Teil der Bevölkerung genutzt. Im Land gibt es 700 öffentliche Internetpunkte.

Kas siin on internetikohvikut?
ob hier ist Internetcafe
Gibt es hier ein Internetcafe?

Kui palju maksab üks tund interneti kasutamist?
wie viel kostet eins Stunde Internet(2) Benutzung(3)
Wieviel kostet die Nutzung des Computers pro Stunde?

Ma sooviksin meilida.
ich möchte mailen
Ich möchte gerne Emails abrufen / verschicken.

Kas ma saaksin selle meili välja printida?
ob ich könnte diese mail(2) aus drucken
Kann ich diese Email ausdrucken?

mobiiltelefon	Mobiltelefon
kõnekaart	Prepaid-Karte
internet	Internet
internetikohvik	Internetcafe
meil	Email
printima	ausdrucken

Polizei (politsei)

Mu rahakott / võti / paberid on kadunud.
mein Portemonnaie / Schlüssel / Papiere sind verschwunden
Mein Portemonnaie / Schlüssel / meine Papiere sind verschwunden.

Ma kaotasin oma isikutunnistuse.
ich verlor eigen Ausweis(2)
Ich habe meinen Ausweis verloren.

Mult varastati kott / autovõtmed.
mir-von(9) (man-)stahl Tasche / Autoschlüssel(Mz)
Man hat mir die Tasche / die Autoschlüssel gestohlen.

Ausfüllen von Formularen

Palun täitke see blankett ära.
(ich-)bitte füllt(!) dieses Formular weg
Bitte füllen Sie dieses Formular aus.

aadress	Adresse
töökoht	Arbeitsstelle
haridus	Ausbildung
isikutunnistus	Ausweis
amet	Beruf
kuupäev	Datum
luba	Erlaubnis
perekonnaseis	Familienstand
blankett	Formular
neiupõlvenimi	Geburtsname (bei Frauen)
sünnikoht	Geburtsort
sünnipäev, -kuu, -aasta	Geburtstag, -monat, -jahr
maa	Land
rahvus	Nationalität
pass	Pass
usk	Religion
kodakondsus	Staatsbürgerschaft
tänav	Straße
tegevusala	Tätigkeitsbereich
allkiri	Unterschrift
dokument	Urkunde
ees- ja perekonnanimi	Vor- u. Zuname
elukoht	Wohnort

Fotografieren

Filme kann man problemlos vor Ort kaufen und besondere Einschränkungen, was das Fotografieren anbelangt, gibt es nicht.

film	Film
värvifilm	Farbfilm
ilmutama	entwickeln
fotoaparaat	Fotoapparat
pildistama	fotografieren
diafilm	Diafilm
must/valge	schwarz/weiß
negatiiv	Negativ
videokaamera	Videokamera
digitaalkaamera	Digitalkamera
filmima	filmen

Kas ma tohin Teid pildistada?
ob ich darf Euch(3) fotografieren
Darf ich Sie fotografieren?

Kas siin tohib pildistada?
ob hier (man-)darf fotografieren
Darf man hier fotografieren?

Rauchen

Besonders junge Leute rauchen viel, auch die Frauen. Im Restaurant kann man immer rauchen, in den Selbstbedienungsgaststätten und sööklas dagegen nicht. In den Theatern gibt es extra Raucherräume (suitsetamisruum). Zigarettenautomaten gibt es kaum.

Kas siin tohib suitsetada?
ob hier (man-)darf rauchen
Darf man hier rauchen?

Kus siin suitsetatakse?
wo hier (man-)raucht
Wo kann man hier rauchen?

Kas Teil tikke on?
ob Euch-bei(8) Streichhölzer sind
Haben Sie Feuer?

Üks pakk suitsu, palun.
ein Paket Rauch, (ich-)bitte
Ein Päckchen Zigaretten bitte.

Andke mulle palun tuhatoos.
gebt(!) mir (ich-)bitte Aschenbecher
Geben Sie mir bitte den Aschenbecher.

Suitsetamine keelatud!
Rauchen verboten
Rauchen verboten!

Toilette

Es gibt zwei offizielle Bezeichnungen: WC und tualett. Toiletten sind meist gebührenpflichtig, dann aber auch garantiert sauber. Toiletten gibt es auch im Kaufhaus, im Kino, in Restaurants und Cafés (die sollte man jedoch nur benutzen, wenn man dort auch Gast ist).

Vabandage, kus on siin tualett?
entschuldigt(!), wo ist hier Toilette
Entschuldigen Sie, wo ist hier die Toilette?

Kas see on tasuline?
ob diese ist kostenpflichtig
Ist sie mit Gebühr?

Palun WC-võtit!
(ich-)bitte WC-Schlüssel(3)
Bitte den Toilettenschlüssel!

N (naistele)	für Damen
M (meestele)	für Herren
maks	Gebühr
tasuta	kostenlos
tualettpaber	Toilettenpapier
vaba	frei
kinni	besetzt
seep	Seife
käterätik	Handtuch
„hind 2 krooni“	„Preis 2 Kronen“

Krank sein

Erkrankt man plötzlich, geht man am besten in eine Poliklinik. Wenn man seinen Pass vorlegt, bekommt man auf jeden Fall ärztliche Hilfe. In Notfällen ruft man die medizinische Notfallhilfe **(kiirabi)**, Tel.: 003, den Rettungsdienst (päästeteenistus), Tel.: 112, oder die Polizei, Tel.: 110 an. Erste Hilfe vor Ort heißt **esmaabi**.

Mul on ...
mir-bei(8) ist ...
Ich habe ...

Teil on ...
Euch-bei(8) ist ...
Sie haben ...

kõht lahti	Durchfall	**köha**	Husten
palavik	Fieber	**nohu**	Schnupfen
gripp	Grippe	**hambavalu**	Zahnschmerzen

Mul on süda paha.
mir-bei(8) ist Herz schlecht
Mir ist übel.

Ma olen külmetanud.
ich bin erkältet
Ich bin erkältet.

Andke mulle palun midagi kurguvalu vastu.
gebt(!) mir(7) (ich-)bitte etwas Halsschmerzen(2) gegen
Geben Sie mir bitte etwas gegen Halsschmerzen.

Kolm korda päevas üks tablett.
drei Mal(3) Tag-am(5) eine Tablette
Dreimal täglich eine Tablette.

Mul valutab ...
mir-bei(8) schmerzt ...
Mir schmerzt ...

silm(ad)	Auge(n)	**pea**	Kopf
kõht	Bauch	**magu**	Magen
kurk	Hals	**kõrv(ad)**	Ohr(en)
süda	Herz	**selg**	Rücken

Die wichtigsten Medikamente, auch etwas Pflaster, Watte und Zellstoff sollte man in seiner Reiseapotheke haben.

arstim, ravim	Medikament
plaaster	Pflaster
salv	Salbe
tabletid	Tabletten
tilgad	Tropfen
side	Verband, Binde
vatt	Watte
ravimküünlad	Zäpfchen
preservatiiv	Präservativ

Schimpfen & Fluchen

Mit dem Wörtchen kurat (Teufel) lassen sich kurioserweise alle Nuancen des Schimpfens ausdrücken - vom Ärger über ein kleines Missgeschick bis hin zum derben Fluch. Man kann es so gut wie überall in den Satz einbauen und erscheint dem Gegenüber allein durch den Gebrauch dieses Wortes bereits als Kenner der estnischen Sprache. Auch kann man kuradi (gebeugten Form) vor alle Substantive setzen, will man seinen Unmut zum Ausdruck bringen:

Kus kurat mu prillid on?!
wo Teufel meine Brille sind
Wo zum Teufel ist meine Brille?!

Millal see kuradi rong tuleb?!
wann dieser Teufels(2) Zug kommt
Wann kommt dieser verdammte Zug endlich?!

Wenn man stolpert, wenn einem etwas herunterfällt, kann man es mit Kurat! kommentieren. Einen anderen Menschen allerdings mit diesem Wort zu bedenken, ist nicht angebracht, es sei denn, er hat einem erheblichen Schaden zugefügt. Wenn etwas misslingt, sagt man Kurat võtaks! (Hol's der Teufel!). Ist man völlig ratlos auf eine Frage, antwortet man mit Kurat seda teab! (Weiß der Teufel!).

Kas Sa oled hull?
ob du bist verrückt
Bist du verrückt?

Mis Sa jamad!
was du quatschst
Was redest du für Zeug!

Sa oled loll.
Du bist dumm.

Ole vait!
Halt die Klappe!

Jama!
Quatsch!

Aitab!
Es reicht!

Jäta mind rahule!
lass(!) mich(3) Ruhe-in(7)
Lass mich in Ruhe!

Käi minema!
geh(!) gehen
Hau ab!

Nichts verstanden? – Weiterlernen!

Wer nicht alles versteht, kann noch einmal mit Hilfe der folgenden Sätze nachfragen.

Kas Te saate minust aru?
ob Ihr bekommt mir-von(6) Verstand
Verstehen Sie mich?

Kas Te saate aru?
ob Ihr bekommt Verstand
Verstehen Sie?

Ma ei saa aru.
ich nicht bekomme Verstand
Ich verstehe nicht.

Ma saan / sain aru.
ich bekomme / bekam Verstand
Ich verstehe / habe verstanden.

Palun korrake!
(ich-)bitte wiederholt(!)
Wiederholen Sie bitte!

Palun kirjutage see üles.
(ich-)bitte schreibt(!) dieses auf
Bitte schreiben Sie das auf.

Kuidas seda hääldatakse / kirjutatakse?
wie dieses(3) (man-)spricht / (man-)schreibt
Wie spricht / schreibt man dieses?

Nichts verstanden? – Weiterlernen!

Kuidas seda nimetatakse eesti / saksa keeles?
wie dieses(3) (man-)nennt estnisch-auf(5) / deutsch-auf(5) Sprache(5)
Was heißt das auf Estnisch / auf Deutsch?

Kas siin räägib keegi saksa / inglise keelt?
ob hier (er-)spricht jemand deutsche / englische Sprache(3)
Spricht hier jemand Deutsch / Englisch?

Rääkige palun aeglasemalt!
sprecht(!) (ich-)bitte langsamer
Sprechen Sie bitte langsamer!

Mida see sõna tähendab?
was(3) dieses Wort bedeutet
Was bedeutet dieses Wort?

Kas mu hääldus on õige?
ob meine Aussprache ist richtig
Spreche ich es richtig aus?

Literaturhinweise

Sind Sie neugierig geworden auf die estnische Sprache? Hier habe ich einige Literaturtipps zusammengestellt.

Die hier genannten Bücher/Schriften sind nicht über den Reise Know-How Verlag erhältlich.

Lutkat, Florence / Hasselblatt, Cornelius
Estnisch intensiv!
Das Lehrbuch der estnischen Sprache, Bibliotheca Baltica, 1998

Lepp, Maie
Deutsch-Estnisch, Estnisch-Deutsch. Wörterbuch mit 30.000 Stichwörtern, VVB Laufersweiler Verlag, 2003

Cornelius Hasselblatt: „Grammatisches Wörterbuch des Estnischen“, Veröffentlichung der Societas Uralo-Altaica, Bd. 35, Otto Harrassowitz, Wiesbaden 2001. *(Wunderbar übersichtlich, alles Wesentliche darin kurz und bündig gesagt; als Nachschlagewerk sehr geeignet.)*

Wörterliste Deutsch – Estnisch

Die Wörterlisten enthalten einen **Grundwortschatz** *von ca. 1000 Wörtern. Vokabular, das man in den einzelnen Kapiteln nachschlagen kann, ist hier nicht immer aufgeführt.*

2. Fall (Genitiv):
õhtusöö/k (-gi), *lies: Nom.:* õhtusöök, *Gen.:* õhtusöögi; aadress (-i), *lies: Nom.:* aadress, *Gen.:* aadressi; välismaa, *lies: Nom.:* välismaa, *Gen.:* välismaa.

da-Infinitiv:
min/ema (-na), *lies: ma-Inf.:* minema, *da-Inf.:* minna; sõit/ma (-a), *lies: ma-Inf.:* sõitma, *da-Inf.:* sõita. *Regelmäßige da-Infinitive sind nicht angegeben!*

A

Abend õhtu
Abendessen õhtusöö/k (-gi)
aber aga
abfahren ära sõit/ma (-a)
abfliegen ära len/dama (-nata)
abgeben ära and/ma (-a)
abreisen ära sõit/ma (-a)
abschleppen sleppi võt/ma (-ta)
Abteil kupee
Adresse aadress (-i)
Alkohol alkohol (-i)
allein üksi
alles kõi/k (-ge)
als (Vgl./zeitl.) kui
alt vana
Alte vanaei/t (-de)
Alter vaname/es (-he)
Alter (Lebens-) vanus (-e); iga (ea)
Andenken mälestus (-e)
anfangen hak/kama (-ata)
Angestellte(r) ametnik (-u)
Angst hirm (-u)
anhalten peatama
ankommen saabuma
Ankunft saabumi/ne (-se)
anmelden (ette) teatama
anrufen helistama
Antwort vastus (-e)
antworten vasta/ma (-ta)
Apotheke aptee/k (-gi)
arbeiten töötama
Arbeiter(in) tööli/ne (-se)
arm vae/ne (-se)
Arzt arst (-i)
auch ka
auf peal
Aufenthalt viibimi/ne (-se)
aufhören lõppema
aufstehen üles tõus/ma (-ta); püsti tõus/ma (-ta)
aufwachen ärkama, ärgata
Ausfuhr väljave/du (-o); ekspor/t (-di)
Ausgang väljapääs (-u)
ausgezeichnet väga hea; suurepära/ne (-se)
Auskunft informatsioon (-i)
Ausland välismaa
Ausländer välismaala/ne (-se)

ausländisch välismai/ne (-se)
Ausreise väljasõi/t (-du)
Aussprache hääldami/ne (-se)
aussteigen väljuma
Ausstellung näitus (-e)
Ausweis (Papiere) isikutunnistus (dokumendid) (-e -e)
ausziehen (Kleidung) seljast võt/ma (-ta)
Auto auto; masin (-a)
Autowerkstatt autotööko/da (-ja)

B

Badeanzug supeltrikoo
Badehose supelpüks/id (-te)
baden suplema (supelda) (Freibad, See etc.); vannitama (Badewanne)
Badezimmer vannit/uba (-oa)
Bahnhof raudteejaam (-a)
Bahnsteig perroon (-i)
bald varsti
Bank pin/k (-gi)
Bank (Geld) pan/k (-ga)
Bargeld sularaha
Batterie patarei
bauen ehitama
Bauer talunik (-u)
Baum puu
beeilen, sich ruttama rutata
beenden lõpetama
begegnen, sich kohtuma
beginnen hak/kama (-ata)
begleiten saat/ma (-a)
begrüßen tervitama
behandeln (Krankh.) ravima
Behörde (ameti)asutus (-e)
bei juures
Beispiel näide
bekannt machen, sich tuttavaks saa/ma (-da)
bekommen saama
beleidigen solva/ma (-ta)
benachrichtigen teatama
Benzin bensiin (-i)
Berg mägi (mäe)
Beruf (elu)kutse
berühmt kuul/us (-sa)
beschweren, sich kaebama, kaevata
besichtigen vaatlema (vaadelda); külastama
Besitzer omanik (-u)
besser parem (-a)
bestellen tellima
Bestellung tellimus (-e)
bestrafen karistama
Besuch (als Gast) külali/ne (-se)
Besuch (z. B. einer Ausstellung) külastami/ne (-se)
besuchen külastama
betrügen pet/ma (-ta)
betrunken purjus
Bett voodi
Bettzeug voodiriided, voodiriiete (Mz.)
bevor enne
Beweis tõend (-i)
bezahlen maks/ma (-ta)
Bier õlu
Bild pil/t (-di)
billig odav (-a)
Binde side
bis kuni
bisschen natuke/ne (-se)
Bitte palve
bitten paluma
Blatt leht (lehe)
blau sini/ne (-se)
bleiben jääma
Bleistift pliiats (-i)
Blume lill (-e)
Boot paa/t (-di)
Botschaft (dipl.) suursaat/kond (-konna)
Brand tulekahju
Brauch komme
brauchen vajama
breit lai (-a)
brennen põlema
Brief kir/i (-ja)
Briefmarke kirjamar/k (-gi)
Briefumschlag kirjaümbrik (-u)
Brille prillid (-e)
bringen viima (viia)

Brot leib (leiva)
Brücke sild (silla)
Bruder vend (venna)
Brust(weibl.) rind (rinna)
Brustkorb rinnakorv (-i)
Buch raamat (-u)
buchen ette tellima; broneerima
Buchstabe (kirja)täh/t (-e)
bunt kirju
Burg linnus (-e)
Bürger (Staats-) kodanik (-u)
Büro büroo
Bus buss (-i)

C

Chauffeur autojuh/t /-i)
Chef ülem (-a)

D

da seal
Dach katus (-e)
dafür (anstatt) (selle) asemel
dafür (etw.dafür tun) selleks
dafür (für dieses) selle eest
dafür (sein) (selle) poolt (olema)
dahinter selle taga
damit, um zu et
danach pärast seda
danke tänan
danken tänama
dann siis
darum sellepärast
dass et (nii et)
Datum daatum (-i); kuupäev (-a)
dauern kest/ma (-a)
Decke (Bett) tekk (teki)
denken mõtlema (mõtelda)
deshalb sellepärast
deutsch saksa
Deutsche sakslanna
Deutscher saksla/ne (-se)
Deutschland Saksamaa
Dialekt dialekt (-i)
dick paks (-u)
Diebstahl vargus (-e)
diese need (Mz)
diese(r, -s) see (Ez)
Ding asi (asja)
Diskothek diskotee/k (-gi)
Dokument dokumen/t (-di)
Dokumente dokumen/did (-tide)
Dolmetscher tõl/k (-gi)
Dorf küla
dort seal
dorthin sinna
dringend kiireloomuli/ne (-se)
dumm rumal (-a)
dunkel pime (-da)
dünn lahja
durch (quer) läbi
Durchfall kõhulahtisus (-e)
dürfen tohtima
Durst (haben) janu

E

echt eht/ne (-sa)
Ehefrau abikaasa
Ehemann abikaasa
Ehepaar abielupaar (-i)
Ei muna
Eigentum omand (-i)
Eimer ämb/er (-ri)
einander üksteist
Einbruch murdvargus (-e)
einfach liht/ne (-sa); lihtsalt (Adverb)
Einfuhr sisseve/du (-o); impor/t (-di)
Eingang sissepääs (-u)
einige mõn/i (-e)
einladen (külla) kutsuma
Einladung (külla)kutse
einmal ükskord
einsteigen sisenema; peale istuma
eintreten sisenema; sisse astuma
einverstanden (sein) nõus (olema)
Einwohner elanik (-u)
Eis (Speise-) jäätis (-e)
Eisenbahn raudtee
Eiter mäda
Eltern vanema/d (-te)

empfangen (etwas) (kätte) saa/ma (-da)
empfangen (jmd.) vastu võt/ma (-ta)
empfehlen soovitama
Ende lõpp (lõpu)
eng kitsas
England Inglismaa
englisch inglise
Enkel(in) lapselaps (-e)
entscheiden otsustama
entschuldigen, sich vabandama
Erde (Boden) muld (mulla)
Erde (Welt) maa
Ereignis sündmus (-e)
Erfolg edu
erhalten (bekommen) saa/ma (-da)
erhalten (bewahren) säilitama
erholen, sich puh/kama (-ata)
erinnern, sich mäletama
erkältet sein külmetunud ol/ema (-la)
erklären seletama
erkundigen, sich järele kuula/ma (-ta)
erlauben luba/ma (-da)
Erlaubnis luba (loa)
Ermäßigung (Preis) hinnaalandus (-e)
Ersatzteil tagavaraosa
erzählen jutustama
essen sööma (süüa)
Essen (Mahlzeit) söö/k (-gi); sööming (-u)
Etage korrus (-e)
etwa umbes
etwas midagi; natuke (Adverb)

F

Fabrik vabrik (-u)
Faden nii/t (-di)
Fähre parvlaev (-a)
fahren sõit/ma (-a)
Fahrkarte sõidupilet (-i)
Fahrplan sõiduplaan (-i)
Fahrpreis sõidu/hind (-hinna)
Fahrrad jalgra/tas (-tta)
Fahrzeug sõiduk (-i)
falsch vale
Familie pere/kond (-konna)
Familienname perekonnanim/i (-e)
Farbe värv (-i)
Farbfilm värvifilm (-i)
faul (Obst) mädanenud
faul (träge) lais/k (-a)
Fehler viga (vea)
Feier pidustus (-e)
feiern pidutsema
feilschen kauplema (kaubelda)
Feld põld (põllu)
Fenster aken (akna)
Ferien puhkus (-e)
fern kauge
Fernsehgerät televiisor (-i)
fertig valmis
fest (hart) kõva
fest (stark) tugev (-a)
Fest pidu (peo)
feucht niiske
Feuer tul/i (-e)
Fieber palavik (-u)
Film film (-i)
finden leid/ma (-a)
Finger sõrm (-e)
Fisch kala
Flasche pudel (-i)
Fleisch liha
fleißig vir/k (-ga)
fliegen lendama (lennata)
flirten flirtima
Flughafen lennujaam (-a)
Flugticket lennupilet (-i)
Flugzeug lennuk (-i)
Fluss jõgi (jõe)
Folklore folkloor (-i)
Formular formular (-i)
Fotoapparat fotoaparaa/t (-di)
Fotografie fotograafia
fotografieren pildistama
Frage küsimus (-e)
fragen küsima
Frankreich Prantsusmaa
französisch prantsuse
Frau nai/ne (-se)
Frau (Anrede) proua
Fräulein preili

frei vaba
fremd võõras (võõra)
freuen, sich rõõmustama
Freund sõb/er (-ra)
Freundin sõbranna
freundlich lahke
Freundschaft sõprus (-e)
Frieden rahu
frieren külmetama
frisch (Obst) värske
fröhlich lõbus (-a)
Frucht vil/i (-ja)
früh vara
Frühling kevad (-e)
frühstücken (hommiku)einet võt/ma (-ta)
fühlen, sich ennast tund/ma (-a)
Führung (Ausstellg.) juhitav ekskursioon (-a -i)
Führung (Leitung) juhatami/ne (-se)
für jaoks
fürchten, sich (vor) kart/ma (-a)
Fuß jal/g (-a)
Fuß, zu jalgsi

G

Gabel kahv/el (-li)
ganz päris
Garten aed (aia)
Gas gaas (-i)
Gasse kits/as tänav (-a -a)
Gast külali/ne (-se)
Gastfreundschaft külalislahkus (-e)
Gastgeber pidupere/mees (-mehe)
Gaststätte restoran (-i)
Gebäck küpsis/ed (-te)
Gebäude hoone
geben and/ma (-a)
Gebirge mägestik (-u)
Gebühr maks (-u)
Geburtstag sünnipäev (-a)
gefährlich ohtlik
gefallen meeldima
Gefühl tunne
gegen vastu
Gegend ümbrus (-e)
gegenüber vastas
gehen käima (käia); min/ema (-na)
gelb kolla/ne (-se)
Geld raha
Gemüse juurvil/i (-ja)
gemütlich mugav (-a)
genau täp/ne (-se)
genug küllalt
Gepäck pagas (-i)
geradeaus otse(teed)
gern meeleldi
Geschäft (Laden) äri
Geschäft (Tätigk.) asjatoimetus (-e)
Geschenk kingitus (-e)
Geschichte (Erzähl.) jutt (jutu)
Geschichte (Hist.) aja/lugu (-loo)
geschlossen kinni
Geschwister õed-vennad (õdede-vendade)
Gesellschaft ühis/kond (-konna)
Gesetz seadus (-e)
Gespräch vestlus (-e)
gestern eile
gesund terve
Gesundheit tervis (-e)
Getränk joo/k (-gi)
Gewicht kaal (-u)
Gewitter äike (-se)
gewöhnen harjuma
Gewürz vürts (-i)
Gift mür/k (-gi)
Giftschlange mürkma/du (-o)
Glas (Trink-) klaas (-i)
Glas (Material) klaas (-i)
glauben uskuma
Glück õnn (-e)
glücklich sein õnnelik ol/ema (-la)
Gold kuld (kulla)
Gott jumal (-a)
Gramm gramm (-i)
Grammatik grammatika
Gras roh/i (-u)
gratulieren õnnitlema
Grenze piir (-i)
Grippe gripp, gripi
groß suur (-e)

Größe (Kleidung) suurus (-e)
Großmutter vanaema
Großvater vanaisa
Grupe grupp, grupi
grüßen (jmd.) tervisi saat/ma (-a)
grüßen, sich teretama
gültig kehtiv (-a)
gut hea; Adv: hästi
Gut (Herrensitz) mõis (mõisa)
Gutshaus mõisahoone
Gutsherr mõisnik (-u)
Gutspark mõisapar/k (-gi)

H

haben omama
Hafen sadam (-a)
Hälfte pool (-e)
halten hoid/ma (-a)
Haltestelle peatus (-e)
Handel kaubandus (-e)
hart kõva
Haus maja
Hausfrau perenai/ne (-se)
Hausherr pere/mees (-mehe)
heben tõst/ma (-a)
Heftpflaster kleepplaast/er (-ri)
heiß kuum (-a)
helfen abistama
hell hele
Herbst sügis (-e)
Herr härra
herzlich südamlik (-u)
heute täna
hier siin
Hilfe abi
hinter taga
hoch kõrge
Hochzeit pulmad (-e)
hoffen loot/ma (-a)
höflich viisak/as (-a)
holen tooma (tuua)
Holz puu
hören kuulama (-ta)
Hotel hotell (-i)
hungrig nälja/ne (-se)
Hygiene hügieen (-i)

I

immer alati
impfen vaktsineerima
in (Ort) sees
in (Richtung) sisse
in (zeitl.) pärast
Industrie tööstus (-e)
Insekt insekt (-i)
Insel saar (-e)
interessant huvitav (-a)
interessieren, sich (für) huvituma
international internatsionaal/ne (-se)
Irrtum eksimus (-e)

J

ja jah
jagen küttima
Jahr aasta
Jahreszeit aastaa/eg (-ja)
jährlich (iga)aasta/ne (-se)
jeder iga
jedesmal iga kord
jemand keegi (kellegi)
jener too (tolle)
jetzt nüüd
Journalist ajakirjanik (-u)
jung noor (-e)
Junge poiss (poisi)

K

kalt külm (-a)
kaputt katki
Karte kaar/t (-di)
Kasse kassa
kaufen ost/ma (-a)
kennen tund/ma (-a)
Kind laps (-e)
Kino kino
Kirche kirik (-u)
Kleidung riietus (-e)
klein väik/e (-se)
klug tar/k (-ga)
Kneipe kõrts (-i)
kochen keet/ma (-a)
Koffer kohv/er (-ri)
kommen tul/ema (-la)

kompliziert komplitseeritud
können oskama (osata); suut/ma (-a)
Konsulat konsulaa/t (-di)
kontrollieren kontrollima
Konzert kontser/t (-di)
kosten (Preis) maks/ma (-ta)
kosten (probieren) proovima
kostenlos tasuta
krank haige
Krankenhaus haigla
Krankheit haigus (-e)
kühl jahe (-da)
Kühlschrank külmka/pp (-pi)
Kunst kunst (-i)
kunstgewerbliche Waren tarbekunst (-i); käsitöö
kurz lühike/ne (-se)
küssen suud/lema (-elda)

L

lächeln naeratama
lachen über etw. naerma
Lage (geogr.) asukoh/t (-a)
Lager (Zelt-) laag/er (-ri); kämping (-u)
Laken lina
Lampe lam/p (-bi)
Land maa
Landkarte maakaar/t (-di)
Landschaft maastik (-u)
Landwirtschaft põllumajandus (-e)
lang (Entfernung) pikk (pika)
lang(e) (zeitl.) kaua
langsam pikkamööda
langweilig igav (-a)
laufen (rennen) jooks/ma joosta
laut kõva
leben elama
Leben elu
Lebensmittel toiduaine
ledig vallali/ne (-se)
leer tüh/i (-ja)
legen (stellen) pan/ema (-na)
lehren õpetama
Lehrer õpetaja
Lehrerin õpetajanna
leicht kerge
leihen, sich (von) laena/ma (-ta)
lernen õppima
lesen lugema
Leute rahv/as (-a)
Licht valgus (-e)
lieben armastama
Lied laul (-u)
liegen lamama
links vasakul
Loch auk (augu)
Löffel lusik/as (-a)
Lohn, Gehalt pal/k (-ga)
lügen valetama
lustig lõbus (-a)

M

machen (tun) tegema (teha)
Mädchen tüdruk (-u)
malen maalima
Manager mänedzher (-i)
manchmal mõnikord
Mann mees (mehe)
Markt tur/g (-u)
Medikament medika-men/t (-di)
Meer mer/i (-e)
mehr rohkem
Menge (Quantität) hul/k (-ga)
Mensch inime/ne (-se)
merken, sich meeles pidama
Messer nuga (noa)
mieten üürima
Minute minut (-i)
mit -ga (Endung des 14. Falls); koos
Mittag lõuna
Mittag essen lõunat sööma (süüa)
mitteilen teatama
Mode mood (moe)
möglich võimalik (-u)
Monat kuu
morgen homme
Morgen hommik (-u)
Motor mootor (-i)
Motorboot mootorpaa/t (-di)

Motorrad mootorrat/as (-ta)
müde väsinud
Müll prügi
Museum muuseum (-i)
Musik muusika
müssen pidama
Mutter ema

N

nach (zeitl.) pärast
Nachmittag pärastlõuna
Nachricht tea/de (-te)
Nachrichten (Medien) uudis/ed (-te)
nächstes Mal järgmi/ne kor/d (-se -ra)
Nacht öö
nackt alasti
Nadel nõel (-a)
nah ligida/ne (-se)
Name nim/i (-e)
nass mär/g (-ja)
Nationalität rahvus (-e)
Natur loodus (-e)
natürlich (n. künstl.) loomulik (-u)
neben kõrval
nehmen võt/ma (-ta)
nein ei
neu uus (uue)
neugierig uudishimulik (-u)
nicht mitte
nichts mitte midagi
niedrig madal (-a)
niemals mitte kunagi
niemand mitte keegi (- kellegi)
nirgendwo mitte kuskil
nirgendwohin mitte kuskile
noch veel
noch einmal veel kord
Norden põh/i (-ja)
normal normaal/ne (-se)
notwendig vajalik (-u)
Nummer numb/er (-ri)
nur ainult
nutzen (be-) tarvitama

O

ob kas
oben üleval
Obst puuvil/i (-ja)
oder või
öffnen avama
oft sageli
ohne ilma
Öl õli
Onkel onu
Organ organ (-i)
organisieren organiseerima
Ort pai/k (-ga)
Osten ida
Österreich Austria
Österreicher austerlane (-se)
Österreicherin austerlane (-se)
österreichisch austria

P

paar paar (-i)
Paar paar (-i)
Päckchen pakike (-se)
Paket pakk (paki)
Palast palee
Panne avarii
Papier paber (-i)
Park par/k (-gi)
parken (Wagen) parkima
Pass pass (-i)
Patient patsien/t (-di)
Pause paus (-i)
Person isik (-u)
Pflanze taim (-e)
Plan plaan (-i)
Platz koh/t (-a)
Platzkarte platskaar/t (-di)
plötzlich järsku
Politik poliitika
Polizei politsei
Post(amt) post(kontor) (-i)
Postkarte postkaar/t (-di)
Präservativ preservatiiv (-i)
Preis hind (hinna)
privat privaat/ne (-se)
Problem probleem (-i)
Programm programm (-i)
Prospekt prospekt (-i)
pünktlich täp/ne (-se)

Q/R

Qualität kvalitee/t (-di)
Radiogerät raadio
Rat nõu
rauchen suitsetama
Raum ruum (-i)
rechnen arvutama
Rechnung arve
Recht õigus (-e)
rechts paremal
reden rääkima
Regen vihm (-a)
Regenschirm vihmavar/i (-ju)
registrieren registreerima
reich rikas (rikka)
reif küps (-e)
Reifen võru
Reise reis (-i)
Reisebüro reisibüroo
reisen reisima
rennen jooks/ma, joosta
reparieren parandama
reservieren reserveerima
Restaurant restoran (-i)
Rettungswagen kiirabiauto
richtig õige
Richtung suun/d (-a)
roh toores (toore)
Rückfahrt tagasisõi/t (-du)
Rucksack selja/kott (-koti)
rückständig mahajäänud
rufen, schreien hüüd/ma (-a)
Ruhe rahu
ruhen puh/kama (-ata)

S

Sache asi (asja)
sagen ütlema (ütelda)
Salbe salv (-i)
Salz sool (-a)
sammeln korja/ma (-ta)
Sand liiv (-a)
satt täissöönud
Satz (Grammatik) lause
sauber puh/as (-ta)
säubern puhastama
sauer hapu
Schallplatte heliplaa/t (-di)
scharf terav (-a)
Scheck tšekk, tšeki
Schere käärid (-e)
schicken (senden) saat/ma (-a)
schießen tulistama
Schiff laev (-a)
schlafen magama
Schlafzimmer magamis/tuba (-toa)
schlagen lööma (lüüa)
schlecht paha
Schloss (Gebäude) loss (-i)
Schlüssel võti (võtme)
schmackhaft maits/ev (-va)
Schmerz valu
schmerzen valutama
Schmuck ehe, ehte
schmutzig must (-a)
Schnaps viin (-a)
schnell kiire
schon juba
schön ilus (-a)
schreiben kirjutama
schreiben, sich kirjavahetuses ol/ema (-la)
Schuh king (kinga)
schuldig süüdi
Schule kool (-i)
Schüler õpila/ne (-se)
schwanger rase (-da)
Schweiz Šveits (-i)
Schweizer šveitsla/ne (-se)
Schweizerin Šveitslanna
schwer raske
Schwester õde (õe)
schwimmen ujuma
schwitzen higistama
See, der järv (-e)
See, die mer/i (-e)
sehen nägema (näha)
sehen, einander teineteist nägema (näha)
sehen, sich selbst end nägema (näha)
Sehenswürdigkeiten vaatamisväärsus (-e)

Seide siid (-i)
Seife see/p (-bi)
Seil köis (köie)
sein (Verb) olema (olla)
seit saadik
Seite (Richtung) pool (-e)
Sekunde sekund (-i)
selbst ise
selten harva
senden (schicken) saat/ma (-a)
setzen (stellen) pan/ema (-na)
setzen, sich istet võt/ma (-ta)
sich (ganz) ausziehen lahti riietuma
sicher kind/el (-la)
Silber hõbe (-da)
singen laulma
sitzen istuma
sitzen (passen) sobima
so nii
sofort kohe
Sohn poeg (poja)
solch(e, -er, -es) säära/ne (-se)
sollen pidama
Sommer suv/i (-e)
Sonne päike (-se)
sparen (Geld) (raha) korja/ma (-ta)
spät hilja
spazieren gehen jalutama
Speise söö/k (-gi)
Speisekarte söögikaar/t (-di)
spielen mängima
Spielzeug mänguas/i (-ja)
Sport spor/t (-di)
Sprache keel (-e)
sprechen rääkima; kõnel/ema (-da)
spritzen (med.) süstima
Staatsangehörigkeit kodakondsus (-e)
Stadt linn (-a)
stark tugev (-a)
stehen seis/ma (-ta)
Stein kivi
Stelle (Ort) koh/t (-a); pai/k (-ga)
stellen pan/ema (-na)
sterben sur/ema (-ra)
Stil (Kunst) stiil (-i)
Stimme hääl (-e)
Stoff riie (riide)
stören segama
Strafe trahv (-i)
Strand rand (ranna)
Straße tänav (-a)
Straßenbahn tramm (-i)
Streichhölzer tuletik/ud (-kude)
streiten tülitsema
Stück tükk (tüki)
Student tudeng (-i)
Stunde tund (tunni)
suchen otsima
Süden (Richtung) lõuna
Summe summa
Suppe supp (supi)
süß magus (-a)

T

Tabak tubak/as (-a)
Tablette table/tt (-ti)
Tag päev (-a)
täglich igapäeva/ne (-se)
Tal org (oru)
Tankstelle tankla
Tante tädi
tanzen tantsima
Tasche kott (koti)
Taxi takso
Telefon telefon (-i)
telefonieren (anrufen) (kellelegi) helistama
telefonieren (mit jmd.) telefoni teel rääkima
Telegramm telegramm (-i)
teuer (Preis) kall/is (-i)
Theater teat/er (-ri)
tief sügav (-a)
Tier loom (-a)
Tochter tüt/ar (-re)
Tod surm (-a)
Toilette tuale/tt (-ti)
Toilettenpapier tualettpaber (-i)
tot surnud
töten tap/ma (-pa)
Tradition traditsioon (-i)
tragen kand/ma (-a)

traurig kur/b (-va)
treffen (begegnen) kohtuma
Treppe trepp (trepi)
trinken jooma (juua)
Trinkgeld jootraha
trocken kuiv (-a)
Tschüss hüvasti
tun tegema (teha)
Tür uks (-e)
Turm torn (-i)

U

üben harjutama
über (örtl.) üle; peal
über (zeitl.) pärast
überall igal pool
übermorgen ülehomme
übersetzen (Sprache) tõlkima
Übersetzer tõl/k (-gi)
Überweisung ülekanne (-kande)
übrig ülejäänud
Uhr kell (-a)
um ümber
um zu ... (selleks) et
Umgebung ümbrus (-e)
Umleitung suuna muutmi/ne (suuna -se)
umtauschen vahetama
Umweg pikem tee (-a tee)
Umwelt kesk/kond (-konna)
unbekannt tundmatu
und ja
Unfall õnnetus (-e)
Universität ülikool (-i)
unschuldig süütu
unten allpool
unter all
unterhalten (sich) vestlema, vestelda
Unterkunft peavar/i (-ju); korter (-i)
unterrichten (lehren) õpetama
unterschreiben alla kirjutama
Urlaub puhkus (-e)

V

Valuta (Devisen) valuuta
Vater isa
verabreden (sich) kokku leppima
Verabredung kokkulepe (-leppei)
verabschieden, sich hüvasti jät/ma (-ta)
verboten (sein) keelatud
Verbrechen kuri/tegu (-teo)
verdienen teenima
vergessen unustama
vergnügen, sich lõbutsema
verirren, sich eksima
verkaufen müüma (müüa)
verleihen an jmd. (välja) laena/ma (-ta)
verletzt vigastatud
Verletzung vigastus (-e)
verlieben, sich armuma
verlieren (Dinge) kaotama
vermieten välja üürima
Vermittlung vahendus (-e)
Versicherung kindlustus (-e)
verspäten, sich hilinema
versprechen, sich rääkimisel vääratama
verstehen aru saa/ma (-da)
versuchen katsuma
viel palju
vielleicht võib-olla
Vogel lind (linnu)
Volk rahv/as (-a)
voll täis (täie)
vor ees
vorbereiten ette valmistama
vorgestern üleeil/e
vorher enne
Vormittag ennelõuna
vormittags ennelõunati
Vorname eesnim/i (-e)
vorschlagen ette panema
vorstellen (jmd.) tutvustama
vorstellen, sich ette kujutama
Vorwahlnummer suunakood (-i)

W

Wagen vank/er (-ri)
Wagen (Auto) auto; masin (-a)
wahr tõsi (tõe)
während jooksul; kestel
Wald mets (-a)
Wand sein (-a)
wandern jalgsi matka/ma (-ta)
wann? millal?
Ware kau/p (-ba)
warm soe (sooja)
warten ootama (oodata)
warum? miks?
was? mis (mille)?
waschen pes/ema (-ta)
Wasser vesi (vee)
Watte vatt (-i)
wechseln vahetama
wecken äratama
Weg tee
wegen pärast
weiblich naissoost
weil sest et; kuna
weinen nut/ma (-ta)
weit kauge
welcher? missugu/ne (-se)?; milli/ne (-se)?
wenig vähe
wenn (als) nagu
wenn (falls) kui
wer? kes (kelle)?
werden saa/ma (-da)
werden zu (Veränd.) muutu/ma (-da)
wessen? kelle?
Westen lää/s (-ne)
Wetter ilm (-a)
wichtig täht/is (-sa)
wie (Vgl.) nagu
wie? kuidas?
wie viel? kui palju?
wieder jälle
wiederholen korduma (korrata)
Wind tuul (-e)
Winter talv (-e)
wissen tead/ma (-a)
wo? kus?
Woche nädal (-a)
woher? kust?
wohin? kuhu?
wohnen elama
Wohnung korter (-i)
wollen taht/ma (-a)
Wort sõna
Wörterbuch sõnaraamat (-u)
Wunde haav (-a)
wünschen soovima

Z

zahlen maks/ma (-ta)
Zahnarzt hambaarst (-i)
Zahnpasta hambapasta
zeigen näi/tama (-data)
Zeit aeg (aja)
Zeitung ajaleh/t (-e)
Zentrum keskus (-e)
Zigarette sigaret (-i)
Zimmer tuba (toa)
Zoll (Verwaltung) toll (-i)
zu (allzu) liiga
zufrieden rahul
Zug rong (-i)
zuhören kuula/ma (-ta)
zurück tagasi
zusammen (ühes)koos
zwischen vahel

Wörterliste Estnisch – Deutsch

A

Zur besseren Auffindbarkeit ist
õ / **ö** wie **o**
ä wie **a**
ü wie **u**
š wie **s**
ž wie **z**
geordnet (also nicht nach der Reihenfolge des estnischen Alphabets!).

aadress (-i) Adresse
aasta Jahr
aastaa/eg (-ja) Jahreszeit
abi Hilfe
abielupaar (-i) Ehepaar
abikaasa Ehefrau; Ehemann
abistama helfen
aed (aia) Garten
aeg (aja) Zeit
aga aber
äike (-se) Gewitter
ainult nur
ajakirjanik (-u) Jounalist
ajaleh/t (-e) Zeitung
aja/lugu (-loo) Geschichte (Hist.)
aken (akna) Fenster
alasti nackt
alati immer
alkohol (-i) Alkohol
all unter
alla kirjutama unterschreiben
allpool unten
ämb/er (-ri) Eimer
ametiasutus (-e) Behörde
ametnik (-u) Angestellte(r)
and/ma (-a) geben
anum (-a) Gefäß
aptee/k (-gi) Apotheke
ära and/ma (-a) abgeben
ära len/dama (-nata) abfliegen
ära sõit/ma (-a) abreisen, abfahren
äratama wecken
äri Geschäft (Laden)
ärkama (ärgata) aufwachen
armastama lieben
armuma sich verlieben
arst (-i) Arzt
aru saa/ma (-da) verstehen
arve Rechnung
arvutama rechnen
asemel dafür (anstatt)
asi (asja) Sache, Ding
asjatoimetus (-e) Geschäft (Tätigk.)
asukoh/t (-a) Lage (geogr.)
asutus (-e) Behörde
auk (augu) Loch
austerlane (-se) Österreicher(in)
austria österreichisch
Austria Österreich
auto Wagen, Auto
autojuh/t (-i) Chauffeur
autotööko/da (-ja) Autowerkstatt
avama öffnen
avarii Panne

B

bensiin (-i) Benzin
broneerima buchen
büroo Büro
buss (-i) Bus

D

daatum (-i) Datum
dialekt (-i) Dialekt
diskotee/k (-gi) Diskothek
dokumen/did (-tide) Dokumente
dokumen/t (-di) Dokument

E

edu Erfolg
ees vor
eesnim/i (-e) Vorname
ehe, ehte Schmuck
ehitama bauen
eht/ne (-sa) echt
ei nein

eile gestern
einet võt/ma (-ta) frühstücken
eksima sich verirren
eksimus (-e) Irrtum
ekspor/t (-di) Ausfuhr
elama wohnen, leben
elanik (-u) Einwohner
elu Leben
elukutse Beruf
ema Mutter
end nägema (näha) sich selbst sehen
ennast tund/ma (-a) sich fühlen
enne bevor, vorher
enne lõunat vormittags
ennelõuna Vormittag
et um zu, damit
et (nii et) dass
ette kujutama sich vorstellen
ette panema vorschlagen
ette teatama anmelden
ette tellima buchen
ette valmistama vorbereiten

F

film (-i) Film
flirtima flirten
folkloor (-i) Folklore
formular (-i) Formular
fotoaparaa/t (-di) Fotoapparat
fotograafia Fotografie

G

gaas (-i) Gas
gramm (-i) Gramm
grammatika Grammatik
gripp, gripi Grippe
grupp, grupi Gruppe

H

hääl (-e) Stimme
hääldami/ne (-se) Aussprache
haav (-a) Wunde
haige krank
haigla Krankenhaus
haigus (-e) Krankheit
hak/kama (-ata) anfangen, beginnen
hambaarst (-i) Zahnarzt
hambapasta Zahnpasta
hapu sauer
harjuma gewöhnen
harjutama üben
härra Herr
harva selten
hästi gut (Adverb)
hea gut
hele hell
heliplaa/t (-di) Schallplatte
helistama telefonieren, anrufen
higistama schwitzen
hilinema sich verspäten
hilja spät
hind (hinna) Preis
hinnaalandus (-e) Ermäßigung (Preis)
hirm (-u) Angst
hõbe (-da) Silber
hoid/ma (-a) halten
homme morgen
hommik (-u) Morgen
hommikueinet võt/ma (-ta) frühstücken
hoone Gebäude
hotell (-i) Hotel
hügieen (-i) Hygiene
hul/k (-ga) Menge, Quantität
hüüd/ma (-a) rufen, schreien
hüvasti Tschüss
hüvasti jät/ma (-ta) sich verabschieden
huvituma sich interessieren (für)
huvitav (-a) interessant

I

ida Osten
iga jeder
iga (ea) (Lebens)Alter
iga kord jedesmal
igaaasta/ne (-se) jährlich

igal pool überall
igapäeva/ne (-se) täglich
igav (-a) langweilig
ilm (-a) Wetter
ilma ohne
ilus (-a) schön
impor/t (-di) Einfuhr
indeks (-i) Postleitzahl
informatsioon (-i) Auskunft
inglise englisch
Inglismaa England
inime/ne (-se) Mensch
insekt (-i) Insekt
internatsionaal/ne (-se) international
isa Vater
ise selbst
isik (-u) Person
isikutunnistus (dokumendid) (-e -e) Ausweis (Papiere)
istet võt/ma (-ta) sich setzen
istuma sitzen

J

ja und
jääma bleiben
jäätis (-e) (Speise)Eis
jah ja
jahe (-da) kühl
jal/g (-a) Fuß
jalgra/tas (-tta) Fahrrad
jalgsi zu Fuß
jalgsi matka/ma (-ta) wandern
jälle wieder
jalutama spazieren gehen
janu Durst (haben)
jaoks für
jaoksle für
järele kuula/ma (-ta) sich erkundigen
järgmi/ne kor/d (-se -ra) nächstes Mal
järsku plötzlich
järv (-e) See, der
jõgi (jõe) Fluss
joo/k (-gi) Getränk
jooksma, joosta laufen, rennen
jooksul während
jooma (juua) trinken
jootraha Trinkgeld
juba schon
juhatami/ne (-se) Führung (Leitung)
juhitav ekskursioon (-a -i) Führung (Ausstellg.)
jumal (-a) Gott
jutt (jutu) Geschichte (Erzähl.)
jutustama erzählen
juures bei
juurvil/i (-ja) Gemüse

K

ka auch
kaal (-u) Gewicht
käärid (-e) Schere
kaar/t (-di) Karte
kaebama, kaevata sich beschweren
kahv/el (-li) Gabel
käima (käia) gehen
kala Fisch
kall/is (-i) teuer (Preis)
kämping (-u) (Zelt)Lager
kand/ma (-a) tragen
kaotama verlieren (Dinge)
karistama bestrafen
kart/ma (-a) sich fürchten (vor)
kas ob
käsitöö kunstgewerbliche Waren
kassa Kasse
katki kaputt
katsuma versuchen
kätte saa/ma (-da) empfangen (etwas)
katus (-e) Dach
kauaks lang(e) (zeitl.)
kaubandus (-e) Handel
kauge fern, weit, (Entfernung)
kau/p (-ba) Ware
kauplema (kaubelda) feilschen
keegi (kellegi) jemand
keel (-e) Sprache
keelatud verboten (sein)
keet/ma (-a) kochen
kehtiv (-a) gültig
kell (-a) Uhr

kelle? wessen?
kerge leicht
kes (kelle)? wer?
kesk/kond (-konna) Umwelt
keskus (-e) Zentrum
kestel während
kest/ma (-a) dauern
kevad (-e) Frühling
kiirabiauto Rettungswagen
kiire schnell
kiireloomuli/ne (-se) dringend
kind/el (-la) sicher
kindlustus (-e) Versicherung
king (kinga) Schuh
kingitus (-e) Geschenk
kinni geschlossen
kino Kino
kir/i (-ja) Brief
kirik (-u) Kirche
kirjamar/k (-gi) Briefmarke
kirjatäh/t (-e) Buchstabe
kirjaümbrik (-u) Briefumschlag
kirjavahetuses ol/ema (-la) sich schreiben
kirju bunt
kirjutama schreiben
kitsas eng
kits/as tänav (-a -a) Gasse
kivi Stein
klaas (-i) Glas (Trink-; Material)
kleepplaast/er (-ri) Heftpflaster
kodakondsus (-e) Staatsangehörigkeit
kodanik (-u) Bürger (Staats-)
kohe sofort
koh/t (-a) Stelle, Ort, Platz
kohtuma sich treffen, sich begegnen
kõhulahtisus (-e) Durchfall
kohv/er (-ri) Koffer
kõi/k (-ge) alles
köis (köie) Seil
kokkulepe, kokkuleppe Verabredung
kokku leppima (sich) verabreden
kolla/ne (-se) gelb
komme, kombe Brauch
komplitseeritud kompliziert
kõnel/ema (-da) sprechen
konsulaa/t (-di) Konsulat
kontrollima kontrollieren
kontser/t (-di) Konzert
kool (-i) Schule
koos mit, zusammen
kordama, korrata etwas wiederholen
kõrge hoch
korja/ma (-ta) sammeln
korja/ma (-ta) (raha) sparen (Geld)
korrus (-e) Etage
korter (-i) Wohnung, Unterkunft
kõrts (-i) Kneipe
kõrval neben
kott (koti) Tasche
kõva laut; hart, fest
kui wenn (falls); als (zeitl.); als (Vgl.)
kui palju? wie viel?
kuidas? wie?
kuiv (-a) trocken
küla Dorf
külali/ne (-se) Besuch (als Gast); Gast
külalislahkus (-e) Gastfreundschaft
külastama besichtigen, besuchen
külastami/ne (-se) Besuch (z.B. Ausstellung)
kuld (kulla) Gold
küllakutse Einladung
külla kutsuma einladen
küllalt genug
külm (-a) kalt
külmetama frieren
külmetunud ol/ema (-la) erkältet sein
külmka/pp (-pi) Kühlschrank
kuna weil
kuni bis
kunst (-i) Kunst

kupee Abteil
küps (-e) reif
küpsis/ed (-te) Gebäck
kur/b (-va) traurig
kuri/tegu (-teo) Verbrechen
kust? woher?
kuhu? wohin?
kus? wo?
küsima fragen
küsimus (-e) Frage
kutse Beruf; Einladung
kutsuma einladen
küttima jagen
kuu Monat
kuula/ma (-ta) (zu)hören
kuul/us (-sa) berühmt
kuum (-a) heiß
kuupäev (-a) Datum
kvalitee/t (-di) Qualität

L

laag/er (-ri) (Zelt)Lager
lää/s (-ne) Westen
läbi durch (quer)
laena/ma (-ta) sich leihen (von); verleihen an jmd.
laev (-a) Schiff
lahja dünn
lahke freundlich
lahti riietuma sich (ganz) ausziehen
lai (-a) breit
lais/k (-a) faul (träge)
lamama liegen
lam/p (-bi) Lampe
laps (-e) Kind
lapselaps (-e) Enkel(in)
laul (-u) Lied
laulma singen
lause Satz (Grammatik)
leht (lehe) Blatt
leib (leiva) Brot
leid/ma (-a) finden
lendama (lennata) fliegen
lennujaam (-a) Flughafen
lennuk (-i) Flugzeug
lennupilet (-i) Flugticket
ligida/ne (-se) nah
liha Fleisch
liht/ne (-se) einfach
lihtsalt einfach (Adverb)
liiga zu (allzu)
liiv (-a) Sand
lill (-e) Blume
lina Laken
lind (linnu) Vogel
linn (-a) Stadt
linnus (-e) Burg
lõbus (-a) fröhlich, lustig
lõbutsema sich vergnügen
loodus (-e) Natur
loom (-a) Tier
lööma (lüüa) schlagen
loomulik (-u) natürlich (n. künstl.)
loot/ma (-a) hoffen
lõpetama beenden
lõpp (lõpu) Ende
lõppema aufhören
loss (-i) Schloss ,(Gebäude)
lõuna Mittag; Süden (Richtung)
lõunat sööma (süüa) Mittag essen
luba (loa) Erlaubnis
luba/ma (-ta) erlauben
lugema lesen
lühike/ne (-se) kurz
lusik/as (-a) Löffel

M

maa Erde (Welt); Land
maakaar/t (-di) Landkarte
maalima malen
maastik (-u) Landschaft
mäda Eiter
madal (-a) niedrig
mädanenud faul (Obst)
magama schlafen
magamis/tuba (-toa) Schlafzimmer
mäestik (-u) Gebirge
mägi (mäe) Berg
magus (-a) süß
mahajäänud rückständig
maits/ev (-va) schmackhaft
maja Haus
maks (-u) Gebühr
maks/ma (-ta) kosten (Preis); (be)zahlen
mälestus (-e) Andenken
mäletama sich erinnern
mänedzher (-i) Manager
mängima spielen

mänguas/i (-ja) Spielzeug
mär/g (-ja) nass
masin (-a) Wagen, Auto
medikamen/t (-di) Medikament
meeldima gefallen
meeleldi gern
meeles pidama sich merken
mees (mehe) Mann
mer/i (-e) Meer, die See
mets (-a) Wald
midagi etwas
miks? warum?
millal? wann?
milli/ne (-se)? welcher?
min/ema (-na) gehen
minut (-i) Minute
mis (mille)? was?
missugu/ne (-se)? welcher?
mitte nicht
mitte keegi (- kellegi) niemand
mitte kunagi niemals
mitte kuskil nirgendwo
mitte kuskile nirgendwohin
mitte midagi nichts
mõis (mõisa) Gut (Herrensitz)
mõisahoone Gutshaus
mõisapar/k (-gi) Gutspark
mõisnik (-u) Gutsherr
mõn/i (-e) einige
mõnikord manchmal
mood (moe) Mode
mootor (-i) Motor
mootorpaa/t (-di) Motorboot
mootorra/tas, -tta Motorrad
mõtlema (mõtelda) denken
mugav (-a) gemütlich
muld (mulla) Erde (Boden)
muna Ei
murdvargus (-e) Einbruch
mür/k (-gi) Gift
mürkma/du (-o) Giftschlange
must (-a) schmutzig
müüma (müüa) verkaufen
muuseum (-i) Museum
muusika Musik
muutu/ma (-da) werden zu (Veränd.)

N

nädal (-a) Woche
naeratama lächeln
naerma lachen über etw.
nägema (näha) sehen
nagu wie (Vgl.); wenn (als)
näide Beispiel
nai/ne (-se) Frau
naissoost weiblich
näi/tama (-data) zeigen
näitus (-e) Ausstellung
nälja/ne (-se) hungrig
natuke etwas (Adverb)
natuke/ne (-se) bisschen
need (Mz) diese
nii so
niiske feucht
nii/t (-di) Faden
nim/i (-e) Name
nõel (-a) Nadel
noor (-e) jung
normaal/ne (-se) normal
nõu Rat
nõus (olema) einverstanden (sein)
nuga (noa) Messer
numb/er (-ri) Nummer
nut/ma (-ta) weinen
nüüd jetzt

O

odav (-a) billig
õde (õe) Schwester
õed-vennad (õdede-vendade) Geschwister
ohtlik gefährlich
õhtu Abend
õhtusöö/k (-gi) Abendessen
õige richtig
õigus (-e) Recht
olema (olla) sein (Verb)
õli Öl
õlu Bier
omama haben
omand (-i) Eigentum

omanik (-u) Besitzer
õnn (-e) Glück
õnnelik ol/ema (-la) glücklich sein
õnnetus (-e) Unfall
õnnitlema gratulieren
onu Onkel
öö Nacht
ootama (oodata) warten
õpetaja Lehrer
õpetajanna Lehrerin
õpetama unterrichten, lehren
õpila/ne (-se) Schüler
õppima lernen
org (oru) Tal
organ (-i) Organ
organiseerima organisieren
oskama (osata) können
ost/ma (-a) kaufen
otse(teed) geradeaus
otsima suchen
otsustama entscheiden

P

paar (-i) paar; Paar
paa/t (-di) Boot
paber (-i) Papier
päev (-a) Tag
pagas (-i) Gepäck
paha schlecht
pai/k (-ga) Stelle, Ort
päike (-se) Sonne
pakike (-se) Päckchen
pakk (paki) Paket
paks (-u) dick
palavik (-u) Fieber
palee Palast
palju viel
pal/k (-ga) Lohn, Gehalt
paluma bitten
palve Bitte
pan/ema (-na) setzen, stellen, legen
pan/k (-ga) Bank (Geld)
parandama reparieren
pärast nach (zeitl.), in (zeitl.), über (zeitl.), wegen
pärast seda danach
pärastlõuna Nachmittag
parem (-a) besser
paremal rechts
päris ganz
par/k (-gi) Park
parkima parken (Wagen)
parvlaev (-a) Fähre
pass (-i) Pass
patarei Batterie
patsien/t (-di) Patient
paus (-i) Pause
peal über (örtl.), auf
peale istuma einsteigen
peatama anhalten
peatus (-e) Haltestelle
peavar/i (-ju) Unterkunft
pere/kond (-konna) Familie
perekonnanim/i (-e) Familienname
pere/mees (-mehe) Hausherr
perenai/ne (-se) Hausfrau
perroon (-i) Bahnsteig
pes/ema (-ta) waschen
pet/ma (-ta) betrügen
pidama sollen, müssen
pidu (peo) Fest
peopere/mees (-mehe) Gastgeber
pidustus (-e) Feier
pidutsema feiern
piir (-i) Grenze
pikem tee (-a tee) Umweg
pikk (pika) lang(e) (zeitl.)
pikkamööda langsam
pildistama fotografieren
pil/t (-di) Bild
pime (-da) dunkel
pin/k (-gi) Bank
plaan (-i) Plan
platskaar/t (-di) Platzkarte
pliiats (-i) Bleistift
poeg (poja) Sohn
põh/i (-ja) Norden
poiss (poisi) Junge
põld (põllu) Feld
põlema brennen
poliitika Politik
politsei Polizei
põllumajandus (-e) Landwirtschaft
pool (-e) Seite (Richtung); Hälfte
poolt (olema) dafür (sein)

post (-i) Post(amt)
postkaar/t (-di) Postkarte
postkontor (-i) Post(amt)
prantsuse französisch
Prantsusmaa Frankreich
preservatiiv Präservativ
preili Fräulein
prillid (-e) Brille
privaat/ne (-se) privat
probleem (-i) Problem
programm (-i) Programm
proovima kosten (probieren)
prospekt (-i) Prospekt
proua Frau (Anrede)
prügi Müll
pudel (-i) Flasche
puh/as (-ta) sauber
puhastama säubern
puh/kama (-ata) ruhen, sich erholen
puhkus (-e) Urlaub, Ferien
pulmad (-e) Hochzeit
purjus betrunken
püsti tõus/ma (-ta) aufstehen
puu Baum; Holz
puuvil/i (-ja) Obst

R

raadio Radiogerät
rääkima reden, sprechen
rääkimisel vääratama sich versprechen
raamat (-u) Buch
raha Geld
rahu Ruhe, Frieden
rahul zufrieden
rahv/as (-a) Volk; Leute
rahvus (-e) Nationalität
rand (ranna) Strand
rase (-da) schwanger
raske schwer
raudtee Eisenbahn
raudteejaam (-a) Bahnhof
ravima behandeln (Krankheit)
registreerima registrieren
reis (-i) Reise
reisibüroo Reisebüro
reisima reisen
reserveerima reservieren
restoran (-i) Restaurant
riie (riide) Stoff
riietus (-e) Kleidung
rikas (rikka) reich
rind (rinna) Brust (weibl.)
rinnakorv (-i) Brustkorb
roh/i (-u) Gras
rohkem mehr
rong (-i) Zug
rõõmustama sich freuen
rumal (-a) dumm
ruttama (rutata) sich beeilen
ruum (-i) Raum

S/Š

saabuma ankommen
saabumi/ne (-se) Ankunft
saadik seit
saama bekommen
saa/ma (-da) empfangen (etwas), erhalten (bekommen); werden
saar (-e) Insel
säära/ne (-se) solch(e, -er, -es)
saat/ma (-a) schicken, senden; begleiten
sadam (-a) Hafen
sageli oft
säilitama erhalten (bewahren)
saksa deutsch
saksamaa Deutschland
saksla/ne (-se) Deutscher
sakslanna Deutsche
salv (-i) Salbe
seadus (-e) Gesetz
seal da, dort
see (Ez) diese(r, -s)
see/p (-bi) Seife
sees in (Ort)
segama stören
sein (-a) Wand
seis/ma (-ta) stehen
sekund (-i) Sekunde

seletama erklären
selja/kott (-koti) Rucksack
seljast võt/ma (-ta) ausziehen (Kleidung, etwas)
selle asemel dafür (anstatt)
selle eest dafür (für dieses)
selle poolt (olema) dafür (sein)
selle taga dahinter
selleks dafür (etw.dafür tun)
selleks et um zu ...
sellepärast darum, deshalb
sest et weil
side Binde
sigaret (-i) Zigarette
siid (-i) Seide
siin hier
siis dann
sild (silla) Brücke
sini/ne (-se) blau
sinna dorthin
sisenema einsteigen, eintreten
sisse in (Richtung)
sisse astuma eintreten
sissepääs (-u) Eingang
sisseve/du (-o) Einfuhr
sleppi võt/ma (-ta) abschleppen
sõb/er (-ra) Freund
sobima sitzen, passen
sõbranna Freundin
soe (sooja) warm
sõidu/hind (-hinna) Fahrpreis
sõiduk (-i) Fahrzeug
sõidupilet (-i) Fahrkarte
sõiduplaan (-i) Fahrplan
sõit/ma (-a) fahren
solva/ma (-ta) beleidigen
sõna Wort
sõnaraamat (-u) Wörterbuch
söögikaar/t (-di) Speisekarte
söö/k (-gi) Speise, Essen, Mahlzeit
sool (-a) Salz
sööma (süüa) essen
sööming (-u) Essen (Mahlzeit)
soovima wünschen
soovitama empfehlen
sõprus (-e) Freundschaft
sõrm (-e) Finger
spor/t (-di) Sport
stiil (-i) Stil (Kunst)
südamlik (-u) herzlich
sügav (-a) tief
sügis (-e) Herbst
suitsetama rauchen
sularaha Bargeld
summa Summe
sündmus (-e) Ereignis
sünnipäev (-a) Geburtstag
supelpüks/id (-te) Badehose
supeltrikoo Badeanzug
suplema (supelda) baden (Freibad etc.)
supp (supi) Suppe
sur/ema (-ra) sterben
surm (-a) Tod
surnud tot
süstima spritzen (med.)
süüdi schuldig
suud/lema (-elda) küssen
suuna muutmi/ne (suuna -se) Umleitung
suun/d (-a) Richtung
suur (-e) groß
suurepära/ne (-se) ausgezeichnet
suursaatkon/d (-na) Botschaft (dipl.)
suurus (-e) Größe (Kleidung ...)
suut/ma (-a) können
süütu unschuldig
suv/i (-e) Sommer
Šveits (-i) Schweiz
šveitsla/ne (-se) Schweizer(in)

T

table/tt (-ti) Tablette
tädi Tante
taga hinter
tagasi zurück
tagasisõi/t (-du) Rückfahrt
tagavaraosa Ersatzteil

täh/t (-e) Buchstabe
täht/is (-sa) wichtig
taht/ma (-a) wollen
taim (-e) Pflanze
täis (täie) voll
täissöönud satt
takso Taxi
talupo/eg (-ja) Bauer
talv (-e) Winter
täna heute
tänama danken
tänan danke
tänav (-a) Straße
tankla Tankstelle
tantsima tanzen
tap/ma (-pa) töten
täp/ne (-se) pünktlich, genau
tarbekunst (-i) kunstgewerbliche Waren
tar/k (-ga) klug
tarvitama (be)nutzen
tasuta kostenlos
tea/de (-te) Nachricht
tead/ma (-a) wissen
teatama anmelden, mitteilen, benachrichtigen
teat/er (-ri) Theater
tee Weg
teenima verdienen
tegema (teha) machen, tun
teineteist nägema (näha) einander sehen
tekk (teki) Decke (Bett)
telefon (-i) Telefon
telefoni teel rääkima telefonieren (mit jmd.)
telegramm (-i) Telegramm
televiisor (-i) Fernsehgerät
tellima bestellen
tellimus (-e) Bestellung
terav (-a) scharf
teretama sich grüßen
terve gesund
tervis (-e) Gesundheit
tervisi saat/ma (-a) grüßen (jmd.)
tervitama begrüßen
tõend (-i) Beweis
tohtima dürfen
toiduaine Lebensmittel
tõl/k (-gi) Dolmetscher
tõlkima übersetzen (Sprache)
toll (-i) Zoll (Verwaltung)
too (tolle) jener
tööli/ne (-se) Arbeiter(in)
tooma (tuua) holen
toores (toore) roh
tööstus (-e) Industrie
töötama arbeiten
torn (-i) Turm
tõsi (tõe) wahr
tõst/ma (-a) heben
traditsioon (-i) Tradition
trahv (-i) Strafe
tramm (-i) Straßenbahn
trepp (trepi) Treppe
tšekk (tšeki) Scheck
tuale/tt (-ti) Toilette
tualettpaber (-i) Toilettenpapier
tuba (toa) Zimmer
tubak/as (-a) Tabak
tudeng (-i) Student
tüdruk (-u) Mädchen
tugev (-a) fest, stark
tüh/i (-ja) leer
tükk (tüki) Stück
tulekahju Brand
tul/ema (-la) kommen
tuletik/ud (-kude) Streichhölzer
tul/i (-e) Feuer
tulistama schießen
tülitsema streiten
tund (tunni) Stunde
tund/ma (-a) kennen
tundmatu unbekannt
tunne, tunde Gefühl
tur/g (-u) Markt
tüt/ar (-re) Tochter
tuttavaks saa/ma (-da) sich bekannt machen
tutvustama vorstellen (jmd.)
tuul (-e) Wind

U

üheskoos zusammen
ühis/kond (-konna) Gesellschaft
ujuma schwimmen
uks (-e) Tür
üksteist einander

üksi allein
ükskord einmal
üle über (örtl.)
üleeile vorgestern
ülehomme übermorgen
ülejäänud übrig
ülekanne Überweisung
ülem (-a) Chef
üles tõus/ma (-ta) aufstehen
üleval oben
ülikool (-i) Universität
ümber um
umbes etwa
ümbrus (-e) Umgebung, Gegend
unustama vergessen
uskuma glauben
ütlema (ütelda) sagen
uudis/ed (-te) Nachrichten (Medien)
uudishimulik (-u) neugierig
üürima mieten
uus (uue) neu

V

vaatamisväärsus (-e) Sehenswürdigkeit
vaatlema (vaadelda) besichtigen
vaba frei
vabandama sich entschuldigen
vabrik (-u) Fabrik
vae/ne (-se) arm
väga hea ausgezeichnet
vähe wenig
vahel zwischen
vahendus (-e) Vermittlung
vahetama wechseln, umtauschen
väik/e (-se) klein
vajalik (-u) notwendig
vajama brauchen
vaktsineerima impfen
vale falsch
valetama lügen
valgus (-e) Licht
välismaa Ausland
välismaala/ne (-se) Ausländer
välismai/ne (-se) ausländisch
välja laena/ma (-ta) verleihen an jmd.
välja üürima vermieten
väljapääs (-u) Ausgang
väljasõi/t (-du) Ausreise
väljave/du (-o) Ausfuhr
väljuma aussteigen
vallali/ne (-se) ledig
valmis fertig
valu Schmerz
valutama schmerzen
valuuta Valuta, Devisen
vana alt
vanaei/t (-de) Alte
vanaema Großmutter
vanaisa Großvater
vaname/es (-he) Alter
vanema/d (-te) Eltern
vank/er (-ri) Wagen
vannitama baden (Badewanne)
vannit/uba (-oa) Badezimmer
vanus (-e) (Lebens)Alter
vara früh
vargus (-e) Diebstahl
värske frisch (Obst)
varsti bald
värv (-i) Farbe
värvifilm (-i) Farbfilm
vasakul links
väsinud müde
vasta/ma (-ta) antworten
vastas gegenüber
vastu gegen
vastu võt/ma (-ta) empfangen (jmd.)
vastus (-e) Antwort
vatt, vati Watte
veel noch
veel kord noch einmal
vend (venna) Bruder
vesi (vee) Wasser
vestlema, vestelda (sich) unterhalten
vestlus (-e) Gespräch
viga (vea) Fehler
vigastatud verletzt
vigastus (-e) Verletzung
vihm (-a) Regen
vihmavar/i (-ju) Regenschirm

viibimi/ne (-se) Aufenthalt
viima (viia) bringen
viin (-a) Schnaps
viisak/as (-a) höflich
vil/i (-ja) Frucht, Korn
vir/k (-ga) fleißig
või oder
võib-olla vielleicht
võimalik (-u) möglich
voodi Bett
voodiriided ,voodiriiete Bettzeug
võõras (võõra) fremd
võru Reifen
võti (võtme) Schlüssel
võt/ma (-ta) nehmen
vürts (-i) Gewürz

Die Autorin

Irja Grönholm, Jahrgang 1951.

Ich bin zweisprachig (estnisch/deutsch) aufgewachsen. Meine Eltern und Großeltern stammen aus Estland bzw. Schweden und sind 1941 nach Deutschland gekommen.

Nach meiner Ausbildung und Tätigkeit im naturwissenschaftlichen Bereich habe ich mich eines Tages entschlossen, meine Zweisprachigkeit zu nutzen. Das war 1984. Seither bin ich freie Übersetzerin und beschäftige mich nun auch beruflich mit Estland. Mehrere längere Aufenthalte als Stipendiatin haben mir Land und Leute auf andere Weise nahegebracht, als es durch die weitläufigen verwandtschaftlichen Kontakte möglich war.

Ich freue mich, mit diesem Kauderwelsch-Band demjenigen weiterhelfen zu können, der diesen Teil des landschaftlich so reizvollen Baltikums selbst entdecken will.